ハーバード
合格基準

佐藤智恵
Chie Sato

講談社

ハーバード合格基準

［目次］

序章 リーダーシップとは何か

第一章 合格者決定までのプロセス

第二章　私費留学生の履歴書

第三章 社費留学生の履歴書

第四章 ハーバード合格者の伝える力

第五章 ハーバードが求める人物像

第六章 ハーバードが実現するダイバーシティ

装幀　井上新八
本文デザイン　竹内雄二

（特記事項）

＊本文中の「現在」とは、二〇一四年五月現在を指します

＊肩書、為替レートは、二〇一四年五月現在のものです

＊ハーバード大学経営大学院とは、Harvard Business School＝ハーバードビジネススクールの日本語訳です。通称、ＨＢＳとも呼ばれています

＊本文中の「ハーバード」とは、ハーバード大学経営大学院を指します

＊ＴＯＥＦＬとは、Test of English as a Foreign Languageの略称です

＊ＧＭＡＴとは、Graduate Management Admission Testの略称です。欧米の経営大学院に進学するのに必要な共通試験で、日本のセンター試験のようなものです

＊ＧＲＥとは、Graduate Record Examinationの略称です。アメリカやカナダの大学院に進学するのに必要な共通試験で、日本のセンター試験のようなものです。経営大学院の進学にも有効です

＊本書で紹介した合格基準は、ハーバード大学経営大学院の合格基準であり、ハーバード大学の他の学部・大学院や、他の経営大学院の合格基準を示すものではありません

序章

リーダーシップとは何か

あなたのリーダーシップが評価される

一流のグローバル企業は、どのような人材を求めているのか。

採用基準も人事評価基準も公にされていないため、一般のビジネスパーソンが「自分のどんな点が会社から評価されているのか」ということを知る機会は少ない。

通常、日本企業の人事評価は、「目標を設定し、そこへの達成度を見る」といったミクロな視点から行われる。つまり、部署の目標の達成にどれだけ寄与したか、というきわめて部分最適の視点から作成された基準で評価される。マクロな視点から見て、自分が突出した人材になるにはどうしたらいいのか。さらには会社を、業界を成長させていくために自分が何をやればいいのか。こうした全体最適の視点から上司と話す機会などないだろうし、上司もわかっていない場合が多い。一年後に向けて達成するべきことはわかっていても、何をやれば会社から、そして業界から高く評価されるのかについては誰も教えてくれないのが実情だ。

筆者は数多くのグローバル企業の採用基準を取材してきたが、**どの企業も共通して社員に求めている要素がある。それが「リーダーシップ」だ。**

この単語は、採用試験のエントリーシートや大学入試の出願書類などでよく見られるが、**どういうことを書けば「リーダーシップを発揮した人」と認められるのか**は知られていない。企業も大学も模範解答を公表していないし、他の受験者が何を書いたか知る由もないからだ。

企業の人事評価基準にも必ずリーダーシップという項目が入っているが、筆者は日本企業に勤務している人たちに「今いる職場で何をやれば『リーダーシップを発揮している人だ』と認められるのでしょうか」とよく聞かれる。それもそのはずで、リーダーシップについて体系的に学べるのは、世界的に見ても、欧米の経営大学院か、マッキンゼー・アンド・カンパニーやボストンコンサルティンググループなど、ごくわずかなグローバル企業しかないからだ。

あなたのどんなリーダーシップが評価されるのか？　それをハーバード大学経営大学院の日本人合格者の実例をもとに具体的にお伝えするのが本書の目的だ。

ハーバードの合格基準と企業の採用基準

世界最高のリーダーシップ教育を施す機関として名高いのが、ハーバード大学経営大学院。一九〇八年にアメリカ・ボストンで創立された世界最高峰の経営大学院だ。「世界に変革をもたらすリーダーを育成する」というミッションのもと、百年以上にわたって、あまたのグローバルリーダーを輩出してきた。

卒業生には、ジョージ・W・ブッシュ米元大統領、ニューヨークのマイケル・ブルームバーグ前市長、GEのジェフリー・イメルトCEO、フェイスブックのシェリル・サンドバーグCOOなど、政財界のトップが数多くいる。日本人卒業生としては、ディー・エヌ・エーの創業者、南場智子氏（一九九〇年卒）、ローソンの会長、新浪剛史氏（一九九一年卒）、楽天の創業者で会長兼社長の三木谷浩史氏（一九九三年卒）、最近の卒業生では、ライフネット生命保険の社長兼COOの岩瀬大輔氏（二〇〇六年卒）などが有名だ。

この学校がどんな基準で、どんな若者を選ぶのか。その合格基準は世界中のグローバル企業から注目されてきた。

ハーバードの合格基準は、これから社会に出る若手グローバル人材の基準であり、多くの一流のグローバル企業の採用基準と重なる部分が多い。中には、ほぼハーバードと同じという企業もある。たとえば、ハーバードの合格基準とマッキンゼー・アンド・カンパニーの採用基準を比較してみよう。

ハーバードの合格基準は次の三つ。

1　リーダーシップ力
2　分析力と分析欲
3　コミュニティへの貢献力

そして、元マッキンゼー・アンド・カンパニーの採用マネジャー、伊賀泰代氏によれば、同社の採用基準は次の三つだという。

1　リーダーシップがあること

2　地頭がいいこと
3　英語ができること

（『採用基準』、伊賀泰代著、ダイヤモンド社）

ハーバードの場合は、2の分析力に英語のディスカッション力も含んでいるので、ハーバードの合格基準とマッキンゼーの採用基準は、ほぼ同じであることがわかる。もちろんハーバードの合格者全員がマッキンゼーに合格するわけではないし、その逆も真なりだが、欲しい人材の大枠は同じということだ。

なぜ、ハーバードの合格基準が企業の採用基準と重なるのか。

その理由は二つあると筆者は推察する。まず一つ目は、ハーバードが、主要なグローバル企業が今どういう人材を求めているかをつねにリサーチし、**現実のビジネスニーズに合った経営人材を育成しようと努力している**ことだ。ハーバードの合格基準が時代とともに変わるのはそのためだ。

二つ目の理由として、**ハーバードの卒業生の多くが採用基準を決める立場にある**ことが挙げられる。卒業生のほとんどが企業の経営者や管理職になっていて、人材の評価基準を決めるコンサルティング会社にも多くが在籍している。彼らがハーバードで習得した価値観を自社の採用基準に反映させようと考えても不思議ではない。

つまり、ハーバードの合格基準の実像を見れば、一流のグローバル企業の採用基準や人材の評価基準も見えてくることがわかる。日本企業や日本の大学が、今、「求める人材はリーダーシップのある人」とリーダーシップを連呼するのも、元をたどっていけば、ハーバードやグローバル企業の基準に行きつく。

リーダーシップを定義する

ハーバードを含む欧米の経営大学院のミッションは、リーダーを育成することだ。学生は入学すると、必ず「リーダーシップ」の授業を受けることとなる。そこでは、リーダーとして成功した人、失敗した人の事例を山ほど学び、自分がこの事例の主人公だったらどうするかをひたすら考える。その中で、自分らしいリーダーシップとは何かを見つけていくこととなる。

リーダーシップの定義については、決まったものがあるわけではなく、各教授が自分なりの表現で「リーダーシップとは何か」を教えてくれる。

たとえば、ハーバードのフランシス・フライ教授は、次のように定義している。

「リーダーシップとは、あなたがその場にいることによって周りの人たちによい影響を残すということ。そしてその場からいなくなってもよい影響が続くように、人々を導くということ」

（二〇一一年十二月、一年生全員に贈ったメッセージカードより引用、筆者訳）

リーダーシップを発揮したということは、あなたがいたからこそ周りが動き、何か新しいことが実現したということだ。リーダーシップというと管理職や経営者でないと発揮できないのではないかという誤解があるが、普通の社員でも、契約社員でも、アルバイトでも、あらゆる立場の人間がリーダーシップをとることができる。**年齢も職歴も関係ない。リーダーシップは職位に付随した能力ではない**のだ。

そして、リーダーシップに大小はない。職場のレイアウトの小さな改善から、新規事業の立ち上げまで、**「あなたがいたからこそ周りが動き、何か新しいことを達成できた」**ということであれば、あなたがリーダーシップをとったと言える。

リーダーシップの成果として問われるのが、ビフォー・アフターだ。あなたがいたことで新しいものが生まれたり、問題が解決されたりして、**確実に周りの人や環境がよい方向に変化し**ていなくてはならない。

ハーバードが評価したリーダーシップ経験

ハーバードを受験するとき、応募書類や面接で示さなくてはならないのは、先ほど合格基準として挙げた三つ、すなわち自分のリーダーシップ力、分析力と分析欲、コミュニティへの貢献力だ。本書では、「日本人留学生九名が何をハーバードに伝え、合格を勝ち得たのか」をテーマに取材し、彼らのどんな能力や経験が「評価された」のかをお伝えしていく。特にリーダーシップに関わるエピソードを読んでいただければ、若手がとるべきリーダーシップとはこういうことなのかと具体的にイメージしてもらえるはずだ。

彼らが伝えたのは、十代、二十代のときにリーダーシップをとった経験であり、誰もが経験しているような大学や職場でのエピソードである。日本企業で、外資系企業で、あるいは日本やアメリカの大学で、合格者九名が経験したリーダーシップは多種多様。「リーダーシップのエピソード集」は、身近でありながら、深い示唆を与えてくれるものとなっている。

すでに管理職や経営者となられた読者の方々は、「所詮、若手社員の成功事例ではないか」と思われるかもしれない。しかし、**ハーバードが認めた彼らのリーダーシップ経験は、リーダーシップとは何かという本質を教えてくれるもの**でもある。本書を読んで、読者の皆さんが、年齢、職位にかかわらず、自分のあのときの行動がリーダーシップなのか、これが世界では評価されるのか、と気づいてもらえるとうれしい。そこが、一流のグローバル組織における、あなたの本当の評価ポイントだからだ。

日本企業を含むグローバル企業への就職活動、転職活動、あるいは社内での人事面接では、**自分のリーダーシップ体験を正しく抽出して、強調して伝える必要**がある。繰り返しになるが、リーダーシップに大小はなく、あなたがいたことによって新しいものが生まれたり、何かがよくなったりした経験であればいい。

あなたの何が世界標準では評価されるのか。リーダーシップというものを机上の経営論ではなく、具体例で実感していただければ幸いだ。

リーダーシップ能力は職歴年数と比例しない

今回の取材で、**ハーバードはリーダーシップ能力と職歴年数とは比例しないと考えていること**がわかった。これは、年功序列を重視する日本企業の考え方とは一線を画すものだ。日本では、一般的に長く働けば働くほどリーダーシップ経験が豊富になり、職位が上がるのにともなってリーダーシップ力も高まると思われているが、ハーバードや一流のグローバル企業はそのようには考えていない。詳細は第六章の入学審査官のインタビューをご参照いただきたいが、ハーバードの入学者選考は、ある意味、プロ野球のドラフトと似ている。

ドラフトで選手を指名するのに、高校生であろうが、大学生であろうが、社会人であろうが、年齢は関係ない。評価するのは野球選手としての実績と潜在能力だ。同様に、ハーバードが見るのもリーダーシップ経験とリーダーとしての潜在能力だ。合格基準に、わざわざリーダーシップ経験の大小は問わないし、リーダーシップを発揮した場はどこでもいいと書いてあるのは、入学審査官は**年齢や経験の長さに基づいて受験者の能力を判断しない**からだ。

実際、ハーバードは、二〇〇八年より現役の大学四年生に合格通知を出す特別入学プログラム「2+2《ツープラスツー》プログラム」をはじめており、社会人経験などなくとも、学生時代にリーダーとして頭角をあらわしていれば十分だと考えている。ハーバードでもグローバル企業でも、問われているのは長さではなく、リーダーシップ経験の「濃さ」だ。

ありのままを伝える勇気

採用面接や上司との人事面接では、誰しも自分をできるだけ大きく見せたいと思うだろう。過去の実績を高く評価してもらって、自分がこの会社に必要な人材であることを知ってもらいたいと願うのは当然のことだ。しかし、こうした場で、自分を過度に飾り立てて実績ばかりアピールするとマイナスになるのはご存じだろうか。

ハーバード合格者の伝える技術には共通点がある。それは、「ありのままの自分」を伝えていることだ。失敗だらけであってもいい。未熟でもいい。とにかく発展途上の自分を伝えること。ハーバードの受験に限らず、採用面接でも人事面接でも、自分を完璧に見せようとするのは、実はかえって逆効果なのだ。

なぜありのままの自分を伝えると合格に近づくのか。理由は二つある。

一つ目の理由として、**ありのままの自分をさらけ出すことが成功するリーダーへの第一歩**だという原則が挙げられる。これは経営大学院に入学すると最初に叩きこまれる概念だ。自慢話しかしない、傲慢で虚飾にまみれたリーダーに、誰がついていくだろうか。そんな人はハーバードに合格もしないし、企業にも採用されない。

二つ目の理由は、採用担当者、人事評価者は、**「今、大物に見える人」よりも「次に大物になりそうな人」を好む**という事実だ。これは、スタンフォード大学経営大学院のザカリー・トーマラ准教授、香港大学のジェイソン・ジア助教授、ハーバード大学経営大学院のマイケル・ノートン准教授が二〇一二年に発表した研究結果で明らかになっている。彼らは就職志望者の評価に関する実験を行い、

・リーダーシップの実績判定テストで高い結果を出した人
・リーダーシップの実績はないが潜在能力判定テストで高い結果を出した人

のどちらが採用されるか、比べてみることにした（その他の点では同様の経歴を仮定）。すると多くの評価者が選んだのは、**「実績はなくとも潜在能力がある人」**だった。

研究によれば、人間が他人の実績よりも可能性に惹かれるのは、脳の働きによるものだという。実績のない人の可能性は未知数だが、不確かであるがゆえに、脳はその人のことをもっと知りたいと働きはじめ、ひいては、その人が魅力的に思えてくるのだという。

この研究結果が示しているとおり、試験を受ける側は、**自分の「実績」ではなく「可能性」を武器にしたほうが、採用される可能性が高まる。**ハーバードの合格者が皆、発展途上の自分をありのままに伝えたのは、リーダーとしての潜在能力を効果的に伝える上で、とても有効だ

ったと言える。

経営大学院の面接官として

本書を執筆したのは、より多くの日本人の方々に、グローバル組織での評価基準と、評価されるリーダーシップの実例を知ってほしいと思ったのがきっかけだ。

筆者は、およそ十年間にわたってコロンビア大学経営大学院の入学者を審査する卒業生面接官を務めてきた。また外資系企業に在職中は管理職として採用にも関わった。面接の際に、「他にもっといい経験があるはずなのに、この経験では他の受験者と差別化できないな」「この話だったら、こういう風に伝えたらいいのに」と残念に思うこともしばしばだ。

人材を評価する立場の人間として、**どんなリーダーシップが評価されて、どのように伝えたら効果的なのか**を、ハーバードの合格者の事例をもとに伝えたいと思った。世界最難関の経営大学院に合格した彼らは、将来、必ずグローバルリーダーとして活躍する人たちであり、その事例は、ある意味「**合格答案**」として、最も説得力があると考えたからだ。

読者の皆さんが、本書を読んで、世界が求めているリーダーシップとは何か、一流のグローバル企業はどういう人材を求めているのか、具体的に理解していただくきっかけとなれば幸いに思う。

第一章

合格者決定までのプロセス

統計で見る日本人合格者

ハーバード大学経営大学院はどのように合格者を決定しているのか。そしてどんな日本人が選ばれるのか。第一章では、ハーバードの入学審査のプロセスについて、基礎情報をお伝えしていく。

ハーバード大学経営大学院の出願者数は年間約九千人。合格するのはおよそ千人。そのうち入学するのは九百人ほどだ。合格率は約十%で、一九八五年から三十年間、ほぼ変わっていない。

九百人のうち、日本人は、毎年一ケタというのがここ数年の傾向だ。ハーバード日本人会によれば、二〇一二年の入学者は九名、二〇一三年の入学者は五名だという（注・日本に居住経験のない日本人は除く）。

日本人入学者が毎年一ケタから十名強というのは、ハーバードだけではなく、他のトップ経営大学院にも共通した傾向だ。しかし、その中でも特にハーバードに日本人が合格するのは至難の業だと言われてきた。実際、今回取材した日本人合格者の多くが「自分が受かるなんて夢にも思わなかった」と語った。それくらい、ハーバード＝日本人が特に合格しにくい学校というのが通説となっている。

ところが、ハーバード・ビジネス・スクール日本リサーチ・センターの佐藤信雄センター長は、この通説を「日本人にとって必ずしも難関とは言えない」と否定する。

佐藤氏によれば、ハーバードの日本人合格率は毎年十％前後で、学校全体の合格率と同様に、過去三十年間、あまり変わっていないのだという。したがって、受験者が多かったバブル期には、一学年に二十人ほどの日本人学生が入学した年もあった。

佐藤氏は、一九八二年にハーバードでＭＢＡ（経営学修士）を取得した同校の卒業生だ。一九七八年に慶應義塾大学経済学部卒業後、日本興業銀行（現・みずほ銀行）に入行。会社派遣でハーバード大学経営大学院に留学した。ちなみに佐藤氏が入学した一九八〇年の日本人合格者は十一名だったという。

「三十年間、合格率があまり変わっていない」というのは、とても意外だった。筆者は、「九百人中、何人アジア人を合格させて、そのうち日本人は何人程度にする」というように、ハーバードはその年の日本の経済力に応じて、だいたいの日本人合格者数を決めて、合格者を出しているのだとばかり思っていたからだ。佐藤氏は言う。

「ハーバードは、特定の国からの受験生が多いときは、学生の多様性を維持するために、その国からの合格者数をある程度調整している可能性がありますが、今のように日本人の受験者が少ないときには逆に合格率の十％を守りたいと考えている可能性が高いと思います」

つまり、日本経済の浮き沈みではなく、日本人受験者の総数と、出身国別合格者数のバランスを考慮して、一つのエリアや国に合格者が偏らないように、合格者を決めているのではないかと言うのだ。

二〇一三年の日本人入学者は五名と少ないが、その理由の一つとして、ハーバードを受験した日本人の数が極端に少なかったことが考えられる。何とこの年は五十人しか受験していなかったそうだ。同じアジア人の中でも中国人やインド人に比べると日本人は極端に少ない。佐藤氏は続ける。

「日本人合格者の合格率は、五十人受けて五人（十％）ですから、アジアの中では高いほうです。たとえば中国人ですと、五百人ほど受験者がいて、二十～三十人（四～六％）、インド人ですと千人ほど受験者がいますが、四十～五十人（四～五％）しか受からないと聞いています。受けていただければ、十％も受かる可能性はあるのに、ハーバードに挑戦してくれる日本人が少なくなっているために入学者も減っているのです」

繰り返しになるが、十％とは、アメリカ人、ヨーロッパ人、アジア人などを含めたハーバード全体の合格率とほぼ同じだ。

日本人はなぜ減っているのか

なぜ、ハーバードを受験する日本人の数が減っているのか？

それは、「日本人は受からない」という誤解が一人歩きしているからだ。筆者が受験していたころも、「テストの点数はほぼ満点。かつ英語圏に長期間の留学経験がないと厳しい」「マッキンゼーや三菱商事の社員・元社員じゃないと難しい」、あるいは「ほとんどアメリカ人のような日本人じゃないと無理」などと言われていた。

佐藤氏に、日本人受験者が減っている理由を聞いてみたところ「あくまで推察ですが『ハーバードは、ＴＯＥＦＬの点数で足切りをする』と誤解して受験をあきらめてしまう人が多いのではないか」とのことだった。たしかに、ハーバードのウェブサイトを見ると、次のように明示している。

「ＴＯＥＦＬのスコアについて、ハーバードは足切り点を設けていません。ただし、ＭＢＡ入学審査委員会は一〇九点以下の受験者には、ハーバードを受験しないことを勧めます」

一二〇点満点中、一〇九点というのは、日本人にとってはとても高い点数だ。他のトップ校のサイトも見てみたが、スタンフォードは一〇〇点を足切り点として明記していて、コロンビアは特に明記していなかった。これでは受験しても無駄だと思うのも無理はない。

しかし、一〇九点以下では応募書類も見てもらえないというのは大いなる誤解だ。筆者はこれまで何十人ものハーバードの日本人卒業生を取材してきたが、この最低点に達していなくても、あえてチャレンジして合格した人を何人も知っている。現に、今回の取材で入学審査官のトップに直接確かめてみたが、「足切りなどしない。この点数に達していなくとも、合格する可能性は十分にある」とのことだった。

ハーバードの合格基準は、リーダーとしての総合力だ。本書で詳述するが、TOEFLなどのテストスコアは、たくさんある基準の中の一つに過ぎない。その他の部分で勝負できるのであれば、挑戦する価値は多分にある。

「もっと多くの日本人に挑戦してほしいですね」と佐藤氏は付け加えた。

ハーバードが求める人物像は変わる

このように「日本人は受からない」という話が「神話」のように一人歩きしているが、どういう日本人が受かるのかという全体像については、実はあまり知られていない。三木谷浩史氏や岩瀬大輔氏など、著名な卒業生の活躍は誰もが知るところだし、日本人卒業生の留学体験記も数多く出版されている。しかしそれらは、あくまで個人の主観的な記録だ。

本書では、今在籍している日本人留学生たちの「全体像」を伝えることを主眼においた。彼らが十代、二十代をどのように過ごし、それをどのように伝えたからハーバードに受かったのか。彼らが伝えたリーダーシップ経験とは何か。それをひもといてみたい。

前述したとおり、現在ハーバードに在籍している日本人は十四名。二〇一二年の入学者が九名、二〇一三年の入学者が五名だ。

私費留学生は八名。マッキンゼー・アンド・カンパニー、ボストンコンサルティンググループ、国際金融公社（ＩＦＣ）、シティグループ証券など、名だたるグローバル企業の出身者だ。社費留学生は六名。大和証券、野村証券、日立製作所、三井物産、三菱商事の五社からの派遣だ。

通常、経営大学院では、卒業生の就職率が大学院の重要な評価となる。大学院そのものの経営を左右するほど重要な指標であるため、経営大学院の受験は、「戻る先が確保されている社費留学生が有利」と言われてきた。しかし、ハーバードの日本人留学生の場合は、私費留学生のほうが多いのが現状だ。

出身大学別に見てみると、十四名中五名がアメリカの大学卒だ。専攻別に見ると、理系と経済系が七割を占める。こうした傾向は、前出の佐藤氏が入学した一九八〇年代とは大きく変わっているという。

「日本人合格者は十一名いましたが、うち八名が社費留学生でした。大学時代に経済を専攻した人が多く、理系の人はほとんどいなかったと記憶しています」

ハーバード大学経営大学院の受験は、「ハーバードが求める人物像」に自分がどれだけあてはまるかを伝える必要があるが、その基準は時代ごとに大きく変わってきていることが、今回の取材でわかった。

受験から合格までのプロセス

ハーバード大学経営大学院に合格するには、まず規定の応募書類を提出しなくてはならない。書類選考に合格した人のみが面接試験に進み、面接に受かった人が最終合格者となる。

応募書類には、もちろんテストの点数報告も含まれるため、締め切り日から逆算して、かなり前からテストを受けておかなければならない。テストの結果はTOEFLは二年間、GMATは五年間有効なので、書類提出の何年も前にテストだけ受けておく計画的な人もいる。

応募書類の締め切り日は、年に三回ある（二〇一四年九月入学者の場合は、二〇一三年九月、二〇一四年一月、二〇一四年四月が締め切り日だった）。どの締め切り日に間に合うように提出してもいいが、早ければ早いほうがいいとも言われ、日本人合格者の場合、ほとんど一月の締め切り日までには提出している。九月締め切りの書類選考合格者の面接は秋に、一月締め切りの合格者の面接は冬に、四月締め切りの合格者の面接は春に実施される。

こうしたプロセスは毎年、変更されるので、受験される方は、必ずハーバード大学経営大学院の公式ウェブサイト（http://www.hbs.edu）を確認していただきたい。

日本人がハーバードを受験する際、書類選考を受けるために提出しなくてはならないものは、二〇一四年現在、主に次の六点だ。すべてオンラインで提出する。

①出身大学の成績証明書
②テストスコア（ＴＯＥＦＬ試験、ＧＭＡＴ試験の点数報告）
③課題エッセイ
④推薦状
⑤履歴書
⑥基礎データ票（志望動機含む）
（注・その他受験料の支払いや各種書類の提出もある。英語圏の大学出身者はＴＯＥＦＬ免除。課題エッセイはオプションとなっている）

ＴＯＥＦＬは世界で最も広く活用されている英語能力試験で、オーストラリアやカナダ、イギリス、アメリカを含む百三十ヵ国、九千以上の大学や教育機関が合否の判断材料としている。

ＴＯＥＦＬは、かつては普通のマークシート方式のペーパーテストだったが、日本では二〇〇六年からＴＯＥＦＬ　ｉＢＴテストとしてオンラインで実施されている。テスト全体の所要時間はおよそ四時間三十分で、四つのセクション（リスニング、リーディング、スピーキング、ライティング）から構成されるが、スピーキングが加わったことから、日本で教育を受けた日本人にとってはますます高得点をとるのが難しくなったと言われている。

ＧＭＡＴとは、経営大学院受験者のために開発された試験で、日本のセンター試験のようなものだ。こちらもＴＯＥＦＬと同じで、オンラインで実施されている。試験科目は、英語（主に論理力を見る）と数学の二教科で、すべて選択式だ。日本でも指定の会場で受験することができる。

課題エッセイの設問は毎年変わる。二〇一三年、ハーバードは、それまで複数出していたエッセイの設問を次の一つにしたことで、世界的に話題になった。しかも提出はオプションで単語数の制限もない。

あなたはハーバード大学経営大学院を受験するために、履歴書、大学時代の成績、課外活動、受賞歴、ＭＢＡ取得後の目標、テストスコア、そして、推薦状を提出していますが、その他に、あなたを入学候補者として検討するために知っておいてほしいことは何ですか？（単語数制限なし）

その理由について、ハーバード大学経営大学院のＭＢＡアドミッション＆フィナンシャルエイド部門を統括するマネージング・ディレクター、ディー・レオポルド氏（Dee Leopold）は、「現実の世界で自分のことを他人に伝えるのに単語数の制限などないから」と答えている。しかも、知ってほしいことがなければ、単語数ゼロ、つまりエッセイを提出しなくてもいいそうだ。詳細については、第六章のレオポルド氏へのインタビューでお伝えしたい。

前述の①から⑥でまず書類審査が行われ、合格した人が面接試験へと進む。九千人中、面接に進めるのはおよそ千八百人。面接に合格するのはその半分の千人程度だ。

最近は中国人受験者が多いことから、日本在住の受験者の面接は上海でまとめて実施されているが、日本人が多い年には東京で行われることもある。二〇一四年冬の面接は、日本と韓国在住の受験者のために東京で実施された。

ハーバードの三つの合格基準

では、ハーバードはどんな基準で合格者を選んでいくのか。公式ウェブサイトによれば、ハーバードの合格基準は次の三つだと明記している。

(http://www.hbs.edu/mba/admissions/)

1　リーダーシップ力（Habit of Leadership）

・リーダーシップをとる習慣があるか。リーダーシップをとった場、リーダー経験の大小は問わない

2　分析力と分析欲（Analytical Aptitude and Appetite）

・アカデミックな能力全般
・特に、英語でのディスカッション能力、複雑で漠然とした状況下での分析力、問題解決能力

3　コミュニティへの貢献力（Engaged Community Citizenship）
・コミュニティにおいてよき市民であるか。特にハーバードのコミュニティに貢献する高い倫理観や他人へのリスペクト

2の分析力と分析欲については、主にテストスコアと成績証明書で判断する。あえて「分析」を強調しているのが、ハーバードの特徴だ。近年ハーバードはＳＴＥＭ（Science, Technology, Engineering and Mathematics＝理学、テクノロジー、工学、数学の略）と呼ばれる理系の学生を数多く合格させていて、数字に強い人を求める傾向にある。

1のリーダーシップ力と、3のコミュニティへの貢献力については、主に履歴書、課題エッセイ、推薦状の内容で複合的に判断する。中でも課題エッセイは、自分のリーダーシップ経験や価値観を文章で伝えられる唯一の機会で、受験者が最も力を入れるところだ。テストスコアが同じレベルであれば、ここに何を書くかが、書類審査をクリアするためのポイントとなる。

面接では、受験者のリーダーとしての総合力がすべて問われる。前述の三つの能力があることを示さなくてはならないが、特に日本人受験者が強調しなくてはならないのは、分析力、中

でも英語でのディスカッション能力だという。

誤解① テストの点数が高いほうが合格するという誤解

三つの合格基準のうち、最も受験者に誤解されやすいのがアカデミックな能力を示す「分析力」を審査する基準だ。日本に限らず、世界中のMBA関連のウェブサイトには、さまざまな憶測が掲載されているが、その中には間違った情報もある。読者の中には、ハーバードの受験に興味がある方もいらっしゃるだろうから、こうした「よくある誤解」について、ここで正しい情報をお伝えしておきたい。

「世界最難関の経営大学院」と聞くと、いわゆるテストの点数が満点に近くないと合格できないのではないかと思ってしまう。実際、筆者が受験していたときも、「ハーバードとスタンフォードは、TOEFLとGMATで満点に近い点数をとってから受験しないと難しい」と言われたものだ。

もちろん、高い点数は、ハーバードの合格基準の一つであるアカデミックな能力を証明するのに有効であることには違いないが、それが必須条件ではない。

ハーバードは、TOEFLについてもGMATについても、明確に「足切り点」を設けていない。TOEFL一〇九点（一二〇点満点）以下の受験者には受験を勧めないと書いているが、実際は一〇九点以下でも合格する受験者は少なからずいる。

入学審査官は、こと日本人受験者に関しては、面接で英語力を確認したいと思っているようだ。そのため、逆に一〇九点を下回っていても、面接でディスカッション力があることを証明できれば合格する可能性が十分にあるのだ。

ハーバード・ビジネス・スクール日本リサーチ・センターの佐藤信雄センター長は言う。

「ハーバードの入学審査官と話していて話題となるのは、日本人受験者はTOEFLで高いスコアを達成していても、必ずしもハーバードの授業についていけるディスカッション力があるとは限らないという点です」

通常、TOEFLで高い点数を達成している人は、中国人であれ、インド人であれ、ディスカッション力も高いのだという。ところが日本人の場合は必ずしも比例しているとは限らず、本当の英語力を面接で確かめるのだそうだ。

「本来、英語でのコミュニケーション力を高める勉強をした結果が、TOEFLの点数としてあらわれるべきなのですが、日本人の場合はTOEFLの点数を上げることに終始してしまう傾向があります。しかし、試験勉強をして点数を上げても、英語の面接で自分の意見を表現できなくては意味がないとハーバードは考えています」

実際、筆者がこれまで取材で出会った「TOEFLの点は一〇九点以下だがハーバードに合格した日本人」も、英語の発音や言い回しこそネイティブではなかったものの、自分の意見を述べる能力に卓越していた。

前述のように「スピーキング」という科目が追加され、日本人がTOEFLで高得点をとるのはますます難しくなったと言われている。受験者の中には何十回も受け続ける人もいるそうだ。ところが、佐藤氏は、「ハーバードはTOEFLを数多く受けることを勧めていない」と言う。

たしかに、今回合格した人たちに聞いてみても、TOEFLは数回しか受験しなかったという人が多かった。英語力を実際に判断するのはテストスコアよりも面接なのかもしれない。

GMATの点数についても、ハーバードはウェブサイトで次のように断り書きを入れている。

「GMAT（またはGRE）のスコアについては、足切り点を設けていません。入学者のプロフィールを見ていただければ、GMATの得点に大きな幅があることがわかると思います」

二〇一三年入学者のGMATの得点
・入学者の得点　五五〇—七八〇（八〇〇点満点）
・入学者平均　七三〇

毎回、この数字が発表されると、「五五〇点で合格した人はどんな人か」という話題になる。五五〇点というのは、GMATを受ける全受験者の平均点ぐらいだ。しかし、合格者の平均が七三〇点という学校に五五〇点で合格するには、テスト以外の要素で卓越した実績、たとえば「世界で一人」「世界初」などの特別な称号がないと難しいだろう。

ただし、平均点を下回っていても合格する可能性は十分にある。日本人受験者の中にも、過去には六〇〇点台で合格した人が多数いる。

テストの点数は、もちろん高いに越したことはないが、ハーバードがわざわざ明記しているとおり、アカデミックな能力をはかる一つの要素でしかない。逆に言えば、テストの点数が高いからといって合格する保証は何もないのだ。

誤解② 有名大学出身者ほど有利という誤解

日本の最高学府、東京大学の大学院（修士課程・専門職学位課程）の入学者を出身大学別に見てみると、三千百八十七人の入学者のうち、およそ半数にあたる千六百六十九人が東京大学の出身だ（二〇一三年五月）。一方、ハーバード大学経営大学院の場合、ハーバード大学の出身者が比較的多いとはいえ、その数は一割にも満たないと言われている。

二〇一一年の民間会社の調査によれば、アイビーリーグ八校の出身者が三割（一割がハーバード大）、その他の大学出身者が七割というのが、ここ数年の傾向だという。アメリカ以外の大学では、オックスフォード大学やケンブリッジ大学、インド工科大学の出身者が多い。

ハーバードのウェブサイトによれば（【表1】）、二〇一三年度は、アメリカ国内からは百二十六の大学、アメリカ国外からは百三十八の大学、合計二百六十四の大学の出身者が入学している。入学者は全員で九百三十二人。二百六十四の大学から来ているというのは、アイビーリーグ以外のさまざまな大学から合格させていることを示している。

日本人合格者九名の出身大学を見ても、東京大学が二名いる他は各大学各一名だ。アメリカの大学の出身者も、ハバフォードやマカレスターといったリベラルアーツの大学から地方の州立大学まで多岐にわたっている。

（日本の大学）

・東京大学　二名
・慶應義塾大学　一名
・国際基督教大学　一名
・上智大学　一名
・一橋大学　一名

（アメリカの大学）

・オハイオ州立大学　一名
・ハバフォード大学　一名

・マカレスター大学　一名　（人数順・五十音順）

ハーバードはなぜ二百六十四もの大学の出身者を合格させているのか。極端に言えば、「ぱっとしないハーバード大生よりも、普通の大学でトップをとった人」。大学のブランドや偏差値にかかわらず、そこでリーダーとしてのしあがり、天下をとった人が欲しいわけだ。大学名よりも実質的なリーダーシップ経験を重んじているゆえんだ。

誤解③　どんな文系人間も歓迎されるという誤解

今回ハーバードの入学者の出身学部をあらためて確認してみて、筆者はとても驚いた。経営大学院は、ダイバーシティ（人種、国籍、性別、年齢などにかかわらず、多様な人材を活用すること）を重んじているため、出身学部も多彩なのかと思っていたが、予想以上に偏っていることがわかった。

二〇一三年入学者の三八％が理工系（ＳＴＥＭ）、四四％が経済・経営専攻。つまり全体の八割以上が理工系と経済系の専攻者で占められている。この理系重視の傾向は、現役大学生を青田買いする２＋２《ツープラスツー》プログラムの合格者にはもっと顕著にあらわれている。何と六四％が理工系出身者なのである。経済系も合わせると八割以上になる。

ハーバードは、ダイバーシティを重んじて「どのような専攻の人でも歓迎します」と強調している。大学の案内ビデオには、グラフィックデザイン、心理学、歴史学専攻など人文系学部の出身者も数多く登場する。しかし彼らは、人文系の出身でも、すでに起業していたり、副専攻が理系だったり、数字に強い人たちばかりだという。現実的にはコテコテの文系でハーバー

【表1】ハーバード大学経営大学院　2013年入学者のプロフィール

概要

MBAプログラム入学者数	932人
受験者数	9315人
合格率	12%
合格者の入学率*	89%

学生の属性

女性	383人	41%
米国における人種的マイノリティ**	233人	25%
留学生**	321人	34%
平均年齢	27歳	
出身国数	60カ国	
出身大学数（米国内）	126校	
出身大学数（米国外）	138校	
GMATの点数	550〜780点	
GMAT平均点	730点	

国籍

北米	651人	70%
内、米国	611人	66%
アジア	142人	15%
ヨーロッパ	81人	9%
中南米	34人	4%
アフリカ	13人	1%
オセアニア	11人	1%

大学での専攻

理工系（STEM）	359人	38%
経済・経営	406人	44%
人文・社会	167人	18%

出身業種

経営コンサルティング	178人	19%
消費財	59人	6%
エネルギー・資源	39人	4%
金融機関	122人	13%
政府機関・教育機関・非営利組織	66人	7%
ヘルスケア・バイオ	53人	6%
ハイテク・通信	99人	11%
重工業・製造業	68人	7%
軍隊	48人	5%
その他サービス業	38人	4%
ベンチャーキャピタル・プライベートエクイティ	162人	18%

*合格者の入学率は、ジョイントディグリー、軍隊、健康状態などの事情によって入学を延期する人たちを除いて計算

**米国永住者も含む

出所：http://www.hbs.edu

ドに合格するのは至難の業なのだ。

ハーバードの授業は経営の知識がひととおりあることを前提に初日から議論がすすめられるので、数字に弱いと授業についていくのが相当厳しい。

ハーバードは、アカデミックな能力として、「分析力」を最も重要視している。募集要項でも、あえて次のように但し書きをしているぐらいだ。

「応募するのに特に必須となる大学時代の専攻科目はありません。しかしながら、分析的、定量的コンセプトをマスターできるという能力は示さなくてはなりません」

人文系・芸術系でも歓迎するが、数字力が十分に備わった人のみ、と言えそうだ。

第二章

私費留学生の履歴書

ハーバードのミッションは、「世界を変革するリーダーを育成すること」。そして、その合格基準は、リーダーシップ力、分析力、コミュニティへの貢献力。自分のどんな経験をどんな風に伝えれば「この人はリーダーシップ能力がある」「グローバルリーダー候補としてふさわしい人だ」と評価されるのか。第二章と第三章では九名の現役留学生がエッセイや面接で伝えた具体的なエピソードを紹介する。まず第二章では次の私費留学生五名について詳述する。

・杉田道子さん（二〇一二年入学・国際金融公社出身）
・三宅博之さん（二〇一二年入学・マッキンゼー・アンド・カンパニー出身）
・森田揺加さん（二〇一二年入学・シティグループ証券出身）
・湯浅エムレ秀和さん（二〇一二年入学・ＫＰＭＧコンサルティング出身）
・水田早枝子さん（二〇一三年入学・外資系消費財メーカー出身）

（入学年度順、五十音順）

私費留学生も社費留学生も合格基準は同じだが、私費留学生は、リスクをとって留学に挑戦している点は高く評価される。ハーバードの五名の私費留学生は、幼少時から、その生き方がとにかくユニークだ。

ほとんどの人が奨学金を得てハーバードで学んでいることから、皆、成績優秀な優等生であったことは間違いない。社会人になってからの経歴も立派だ。しかし、彼らが伝えているエピソードは、結構、地味であったり、不格好であったりする。中には「これがリーダーシップ経験？・」と思うようなものもある。自分もどこかで体験したなと親近感を抱くような話も多い。彼らの話を読んで、こんな体験をこんな風に伝えると評価されるのかと参考にしていただければ幸いだ。

エッセイで書かなくてはならないのはリーダーシップ経験と挫折経験だ。「達成したこと」や「成功させたこと」を聞かれたら、リーダーシップ経験を書き、挫折体験を聞かれたら、基本はリーダーを目指す途上の自分が失敗したことを書く。

なお、エッセイで伝えた内容やエピソードについては、筆者が詳細を取材して、読者にわかりやすいようまとめたものであり、合格者のエッセイそのものを翻訳したものではないことを事前にご了承いただきたい。実際のエッセイは単語数制限があり、かなり簡潔にまとめることを求められている。

合格者 1

杉田道子
(すぎた・みちこ)

1984年広島県生まれ。
2001年、広島女学院高等学校在学中、YFU高校生留学派遣プログラムにて、
米国ニューヨーク州アーリントン高等学校に留学。
2007年国際基督教大学教養学部卒業。
同年、モルガン・スタンレー証券株式会社
(現・モルガン・スタンレーMUFG証券)入社。
投資銀行部門にて、M&Aアドバイザリー、資金調達業務に従事。
2010年、国際金融公社(IFC)入社。東京事務所にて、
インドやベトナムの農林業ビジネスへの投資を行う。
2012年ハーバード大学経営大学院入学。
2014年MBA取得予定。フルブライト奨学生。

ハーバードに留学中の杉田道子さんの人生を大きく変えたのは、高校二年生の夏、YFU高校生留学派遣プログラムでニューヨーク州のアーリントン高校に一年間留学したことだ。杉田さんはそれまで一度も日本国外に住んだことはなく、「広島生まれの広島育ち」で、普通に日本の教育を受けて育った。

「この留学で、新しいものの見方、考え方を身につけました。留学した二〇〇一年は同時多発テロが起きた年で、その年に留学したことはアメリカという国家や日本人のアイデンティティについて深く考えるきっかけとなりました」

帰国後、杉田さんは「日本人として国際的に活躍したい」という思いを胸に、国際基督教大学に進学。大学時代は日米学生会議の実行委員長をつとめ、その活動に没頭した。

大学卒業後はモルガン・スタンレー証券に就

職。投資銀行業務や金融の知識をひととおり身につけたのち、以前から興味を持っていた世界銀行グループの国際金融公社（IFC）に転職した。ハーバードへの留学を意識しはじめたのは、IFCで海外プロジェクトを担当していたときだ。

「ワシントン本部や香港事務所の上司や先輩が、皆、ハーバードなどトップスクールのMBAを取得していたのです。『私もこういう人になりたい』と憧れるような素敵な人たちに数多く出会い、大きな刺激を受けました」

転職一年目で受験準備をはじめ、二〇一二年、第一志望のハーバード大学経営大学院に合格した。日本生まれ日本育ちは圧倒的に不利と言われる中での快挙だった。

杉田さんは、ハーバードに何を伝えたのか？

それは、「私がやります！」と言って、人の何倍も手を挙げつづけた人生だった。

◉課題エッセイの設問（二〇一二年受験者）

1 あなたがこれまでに達成したことを三つ教えてください（六〇〇語）

2 あなたが直面した挫折を三つ教えてください（六〇〇語）

3 なぜMBAを取得したいのですか（四〇〇語）

4 私たち（入学審査委員会）に聞いてほしい質問は何ですか。そしてその質問について答えてください（四〇〇語）

日米学生会議の実行委員長に立候補する

杉田さんは、これまでの人生で達成したこととして、次の三つのエピソードを伝えた。

①モルガン・スタンレー証券の投資銀行部門で、金融危機直後の困難な市況にもかかわらず、少人数の同僚とともに多くの大型案件をやりとげたこと
②IFC東京事務所初のジュニアスタッフとして、アジアの投資案件に携わったこと
③国際基督教大学時代、日米学生会議の実行委員長をつとめたこと

杉田さんの三つのリーダーシップ経験の中でも、特筆すべきは、日米学生会議の実行委員長の実績だ。

日米学生会議（Japan-America Student Conference）は、一九三四年に発足した日本初の国際的な学生交流団体。古くは宮沢喜一元首相やヘンリー・キッシンジャー元国務長官など、後に日米政財界の重鎮となった人たちが学生時代に参加していたことで有名だ。

毎年、日本とアメリカで交互に開催され、両国の学生が約一ヵ月にわたって共同生活を送りながら、さまざまな議論を重ね、相互理解を深めていく。日米それぞれ四十名程度しか参加できないため、参加するには筆記試験と面接試験に合格しなくてはならない。

杉田さんは二〇〇四年、大学二年生のときに初めて参加した。この年はアメリカで開催され、ホノルルでは真珠湾、サンフランシスコではエンジェルアイランドにある移民拘置所跡、ワシントンでは第二次世界大戦記念碑を訪問した。会議では、過去のみならず、現在起こっている戦争や国際問題にも議論が及んだ。

杉田さんは、この年の会議ですっかり日米学生会議の活動に夢中になり、三年生のときに実行委員長に立候補。選挙で見事選出された。

実行委員長の杉田さんがまず取りかかったのが、テーマの設定だ。日本側八人、アメリカ側八人の実行委員で話し合いを重ね、第五十七回日米学生会議のテーマを「共に創る明日〜戦後60年を今振り返る〜」に決定した。その後、毎週末にミーティングを行い、日本のどの都市を訪問し、そこで何を議論するか、プログラム全般について実行委員とともに検討を重ねた。資金調達、参加者の選考、ゲストスピーカーのアレンジ、事前研修の準備なども同時並行で進めた。

二〇〇五年夏。アメリカからはハーバード大学、スタンフォード大学、コーネル大学などから三十八人、日本からは国際基督教大学のほか東京大学、慶應義塾大学などから三十九人の学生が参加した。約八十人のメンバーは、滋賀、京都、広島、沖縄、東京を訪問し、各地で日米の歴史を見つめる会議やイベントに参加した。

広島出身の杉田さんが特にこだわったのは、広島と沖縄への訪問だった。そこで参加者全員に戦争被害者や住民の生の声を聞いてもらうことにした。

「日本の歴史をアメリカ人の学生に伝えるとき、単に資料館などを訪問するだけではなく、意味のある伝え方をしなくてはいけないと思いました。戦争の問題を、被害者、加害者という立場を越えて、日米の学生に共通の問題としてとらえてもらえるか。そこに気を配りました」

広島では、広島平和記念資料館の見学に加え、『はだしのゲン』の作者、中沢啓治さんに講演してもらった。沖縄では、米軍嘉手納基地や防空壕の跡を訪れ、辺野古で基地反対運動をしていた女性にも直接話を聞いた。

杉田さんは、この実行委員長としての経験を、「一つの国際的なプロジェクトをリーダーとして自ら作り上げた体験」としてハーバードに伝えた。この体験から学んだのは、メンバー全員が同列という組織の中でリーダーシップをとることの難しさだった。

「学生組織では、皆が同列。企業であれば、部長や課長など職位に人がついてくる仕組みができあがっていますが、学校も学年もばらばらの学生組織ではそうはいきません。しかも全員無報酬で仕事をしています。同列の組織でリーダーシップをとるとき、問われるのはリーダーの人間力とコミットメントなのだと痛感しました」

杉田さんが実行委員長として試行錯誤しながら取り組んだのは、次の三つのことだ。
・メンバーがフェアだと思える仕事の分担をすること

・全員に「ハレの場」があるように工夫すること
・自ら汗をかいて率先して仕事をすること

誰もがフェアだと思う仕事の分担とは、たとえば「日本語ができないアメリカ人のメンバーに宿の手配や現地案内の仕事を振らない、そのかわりアメリカ側との連絡係をやってもらう」といった分担方法だ。

また、全員のモチベーションを上げるため、一ヵ月の会議期間中、一人ひとりに「ハレの場」があるように気を遣った。日米学生会議では、スピーチをする機会が多い分、実行委員長が脚光を浴びがちだが、杉田さんは会議の報告や訪問先での挨拶などの役目を皆に割り振り、メンバー一人ひとりが注目される機会をつくるようにした。

しかし、最善を尽くしたつもりでも、不満は出るし、思ったように仕事をしてくれない人がいる場合もある。そこはリーダーの自分が全力でフォローするようにした。

国籍や考え方など、多様なバックグラウンドの人々をリードすることによって、自分自身のリーダーシップに向き合った体験は、杉田さんにとって特別なものだったに違いない。

自分の仕事は自分で創る

杉田さんが社会人になってから「達成したこと」で、特に注目されたと思われるのが、世界銀行グループの国際金融公社（ＩＦＣ）東京事務所に、初のジュニアスタッフ（第二新卒レベルに相当）として採用されたことだ。近年、ハーバードの卒業生の多くが、世界銀行グループに就職しているからだ。

ＩＦＣ東京事務所は一九八八年四月に開設されたが、そこで採用された人たちは投資などの経験や専門知識を持つシニアレベルの人たちばかりだった。杉田さんは、ずっとＩＦＣに興味を持っていたものの、別の会社で経験を積んで専門性を身につけてからでないと入社は難しいと考えていたという。ところが、二〇一〇年、たまたまチェックしたＩＦＣのウェブサイトで東京事務所が初めてジュニアスタッフを一名だけ募集していることを知る。職務内容は、投資のための財務分析やリサーチ、新興国に進出する日本企業への営業などだった。

当時、杉田さんはモルガン・スタンレー証券の投資銀行部門で働いていたが、憧れていた開発金融の世界に飛び込みたいと応募、見事採用された。

入社はしたものの、杉田さんの職位には前任者がいないため、「ここからここまで」と決められた業務があるわけでもない。上司からは、「あなた自身がどんどん仕事を広げていってくださいね」と言われたという。

「自分の仕事は自分でつくるのだと心に決めましたね。ジュニアとかシニアとか関係なく、自分ができることをやろうと思いました」

ＩＦＣの仕事は、すべて案件別に動く。杉田さんはまず、自分をＩＦＣ内で売り込むことにした。

「私はモルガン・スタンレーの投資銀行部門で、企業価値算定など、さまざまな専門スキルを身につけてきました。ＩＦＣでは、投資銀行での経験を生かして、新興国での投資案件に関わりたいと思っています」

ワシントン本部で研修に参加したとき、あるいは出張者が日本に来たとき、会う人会う人に自分のやりたいことを伝えるようにした。東京事務所の先輩に頼み、興味のある案件の担当者を紹介してもらったりもした。

それと同時に取り組んだのが、日本企業への営業だ。海外プロジェクトへの融資といえば、日本では国際協力銀行（ＪＢＩＣ）が有名だが、ＩＦＣも新興国の開発に貢献するプロジェクトであれば投資することができる。東京事務所の先輩、友人、ありとあらゆるネットワークを駆使して営業し、ときにはツテのない企業にも電話をして面談にこぎつけたこともあった。

こうした努力が実を結び、杉田さんは入社して一年目にインドの灌漑《かんがい》設備メーカーやベトナムの合板工場への投資案件プロジェクトに参加することができた。

インドの案件では現地に赴き、投資先の工場を視察した。自分が関わった投資案件が形になったのはうれしかったが、同時に新興国への投資の難しさも強く感じることになった。新興国は潜在顧客の数が多いし、ビジネスが急成長する可能性も大きいが、インフラ不足や政情の不安定などのリスクがどのような投資にもつきまとう。

「ゼロから自分の仕事をつくり出した過程を素直にエッセイに書きました。IFCの二年間で、新興国への投資を通じて国際開発に携われたことは誇りに思っていますが、同時に『自分のスキルをもっと高めれば、もっと形にすることができる』という思いも強くしました。それがMBAを志すきっかけとなったのです。そうした気持ちもエッセイにこめたつもりです」

自分の仕事を自分で創るというのもまたリーダーシップなのだ。

たとえ失敗しても「私がやります」と手を挙げ続ける

華々しい経歴を持つ杉田さんだが、ハーバードに合格するまでの過程で、実は数々の挫折を経験している。杉田さんがハーバードに伝えた挫折体験は次の三つだ。

①モルガン・スタンレー証券の投資銀行部門で、あまりの忙しさに自分自身が何のために働いているのかを見失い、燃え尽きてしまったこと
②モルガン・スタンレー証券で働いていたとき、プロボノ団体（仕事を通じて得た知識や専門スキルを生かして社会貢献する組織）を友人と立ち上げたが、設立目的を達成できなかったこと
③大学時代、モダンダンスサークルのリーダーを途中で降りることになってしまったこと

杉田さんの人生は、幼い頃から「手を挙げつづけた」人生だという。

「私は『誰もやる人がいないんだったら、私やるよ！』という性格なのです。それで日米学生会議のように、うまくいくこともちろんあるのですが、逆に『まわらなくなって』しまうこともありました」

その象徴的な出来事として、サークルでの失敗を書いた。

国際基督教大学で、杉田さんは一年生のときからモダンダンスソサエティーという大学公認サークルに参加。二年生からサークルの部長をつとめていた。週に二、三回集まって、モダンダンスやコンテンポラリーダンスを練習するのに加え、年に三回ほど公演で成果を発表する本格的なサークルだった。

入部した当初、杉田さんはこのサークルの活動に没頭していた。しかし、二年目になって日米学生会議に参加するようになると、モダンダンスの定期練習にあまり参加できなくなってしまった。

「こんなチームにしよう、こういう練習をしようといった話し合いの場に参加できなくなってしまったのです。部長として対外的なロジスティクスだけやっていればいいと甘えていた部分もありました。たまに練習に参加すると、私がチームを盛り下げちゃうようで……申し訳ない気持ちでいっぱいでした」

これではリーダーの役割を果たせない。日米学生会議に参加して数ヵ月後の二〇〇四年秋、部長を交代してもらうよう申し出た。

「リーダーに立候補することの責任を痛感しました。『自分がやります』と言った限りは責任を持ってやりとげないと、かえって信用を失ってしまうことも学びました。メンバーの期待を裏切ってしまったのはリーダーとして失格でしたし、一度失った信用はなかなか取り戻せないと思い知りました」

ハーバードには、こうした失敗からの学びを素直に書いて伝えた。

その後、杉田さんは日米学生会議の活動に没頭したが、リーダーに立候補するときは、役割が全うできるかどうか、よく考えてから手を挙げるようにしたという。大学三年生で実行委員長に選ばれたときには、すべてをこの活動にかけると決め、会議を成功に導いたのは言うまでもない。リーダーとして成長する過程での挫折は「評価される」のだ。

プロボノ団体での挫折からヴィジョンの大切さを学ぶ

もう一つの挫折経験として書いたのは、二〇〇九年に開発援助を目的とするプロボノ団体を立ち上げたときのことだ。広告代理店や経営コンサルティング会社で働く同世代の友人たちに声をかけ、十五人以上がメンバーとして集まった。

「これだけ優秀で素敵な人たちが結集すれば、きっとうまくいくはず」

この団体でどんな開発支援を行っていこうか。杉田さんは団体のミッションをメンバー全員との話し合いで決めていこうとした。

「皆でできることを持ち寄ったほうが、個々の知識やスキルを生かせると思ったのです。この団体全体で達成することは、週末、定期的に集まって、話し合いで徐々に決めていけばいいと思っていました」

ところが、週末のミーティングは、どうもうまく議論がかみあわなかった。それぞれ「自分はこんなことができる」とアイデアを持ち寄っても、組織として何をやるのかが決まらない。皆のやりたいことはバラバラ。あれもこれも全部達成しようとすると、かえって形になっていかない。そうこうしているうちに、会合に集まってくる人がどんどん少なくなっていった。

「どんな組織でもヴィジョンが必要なのに、私たちはヴィジョンがないまま、組織だけつくりあげてしまったのです。せっかく集まったメンバーも何をやっていいのかわからず、お互いのスキルや専門性を生かす場もありませんでした。組織としての勢いがなくなってしまうのも当然です」

このプロボノ団体は当初の目的を達成できず、事実上自然消滅した。

ハーバードのエッセイで、杉田さんは「組織をつくりあげるときは、メンバーを集めるよりも先に、『この組織で何を達成するのか』というヴィジョンを明確に掲げる必要があることを学んだ」と伝えた。

会社を起業するとき、NPOを創立するとき、社内プロジェクトを立ち上げるとき、最も重要なのはヴィジョンを掲げることだ。それを杉田さんは、この失敗から身をもって学んだのだ。

暗いと文句を言う前にキャンドルを灯せるリーダーを目指す

杉田さんは、ハーバードを志望した理由として、「民間セクター投資やビジネスを通じて持続的な経済発展に貢献したいから」と書いた。

「IFCのワシントン本部やアジアの各事務所で働いていたシニアオフィサーの人たちが、心から尊敬できる人たちだったのです。人格も素晴らしいし、プロフェッショナル・スキルも高い。そういう人たちは皆、MBAを取得していました。私もシニアオフィサーたちのようなリーダーシップを身につけたいという気持ちを伝えたのです」

ハーバードのエッセイで、杉田さんは失敗を含め「自分のいたらなさ」を素直に伝えている。そのいたらない自分を成長させてくれるのが、ハーバードなのだ、と。

四番目のエッセイを、「目的を達成するために、何が原動力になるのか」というテーマで書き、これまでの人生で、なぜ新興国でのビジネスに興味を持つようになったか、なぜ公ではなく民間セクターでのビジネスが国際開発につながると考えるのか、そして自分の夢を達成するためにどういう決断や挑戦をしてきたかを書いた。

広島県で生まれた杉田さんは、中学時代にホームステイしたフィリピンで貧富の差を目の当たりにし、新興国に初めて興味を抱く。将来は国際関係の仕事をしようと志し、高校時代にアメリカに留学し、英語力を磨き、大学では経済を専攻した。貧困をなくしたいという思いだけでは何も変わらないと気づき、自分にできることは何かと考えた末、モルガン・スタンレー、IFCといった金融機関で働くことを選び、経験を積んできた。

「自分の奥にある情熱が一本の筋としてつながるように書きました。日本人の受験者は、国際開発に関心がある人がとても多いのです。その中で、自分の存在を際立たせるためにどうしたらいいかを考えた結果です」

杉田さんの好きな言葉に、「暗いと文句を言う前に、キャンドルを灯《とも》せ（Better to Light a Candle Than Curse the Darkness）」ということわざがある。

「理想にはほど遠い世の中ですが、その中で自分なりの灯りを点す作業は、この上なく楽しい作業なのだということを、日米学生会議やIFCの仕事で学びました。また、ハーバード留学中は、途上国に限らず日本でも問題が山積みで、自分がその問題解決に貢献することに大きな情熱を持っていることに気づきました。ハーバード卒業後も、問題意識を持って、つねに行動を起こせる人でありたいと考えています」

もちろんハーバードが求めるのは、暗いと文句を言うだけの人ではなく、杉田さんのように率先してキャンドルを灯す人だ。

Column 1

海外経験一年でも合格した英語力の鍛え方

ハーバードの合格者は、会う人会う人、皆英語がネイティブ。これは日本人に限らず、他の国の出身者もそうだ。中国人でも韓国人でもインド人でも、その多くが、国籍はアメリカでなくとも、アメリカで教育を受けて育っている。

その中で杉田さんは、高校時代にアメリカに一年間留学しただけで合格した少数派だ。どのように英語力を鍛えたのだろうか。とても役立ったと思われるのが次の四つだと教えてくれた。

・両親がホストファミリーとして海外から来る留学生を受け入れてくれたため、自然に英語環境に慣れることができたこと
・高校時代にアメリカに一年間留学したこと
・国際基督教大学で英語の授業を数多く履習できたこと
・モルガン・スタンレー証券、ＩＦＣで仕事上英語を使う機会が多かったこと

実は広島県は、平和学習目的などもあり、毎年、海外から多くの留学生を受け入れている。年

間三千人近い留学生が広島県で学び、全国平均より外国人口比率の低い県の中でも、留学生比率が相対的に高い県として有名だ。杉田さんの家にも、オーストラリア人、アメリカ人、バングラデシュ人などがホームステイし、中には一年間も滞在した留学生もいたそうだ。両親が留学生の受け入れに積極的に協力し、幼少期から英語に囲まれた環境をつくってくれたことがプラスに働いたという。

それでも高校時代にアメリカに留学したときは、英語を思ったように話せずに苦労した。特に苦手だったのは、自分の意見を発言することだった。しかし、このとき杉田さんは試行錯誤の末、あるコツを身につける。

「パブリック・スピーキング（人前で話す実習）の授業をとったときのことです。自分はアメリカ人のように思ったことを巧みに話せないのだから、コンテンツで勝負しようと思いました。私の英語はおそらく、今もネイティブの人に比べれば少しゆっくりめだと思いますが、そのかわりシンプルな言葉で意味のあることを言うようにしています。間違ってもいいから、心を込めて、意味が伝わるようにするのです」

ハーバードの面接でも、この方針を貫いて成功した。海外在住経験が一年しかないため、面接では英語での発言力が厳しくチェックされていたのではないかと杉田さんは推察する。

ハーバードが欲しいのは、英語を完璧な発音で話せる人ではなく、英語で的確な意見を発言できる人だ。また、アメリカ在住経験が長い、「アメリカ人のような留学生」ばかりを合格させても、ダイバーシティの観点から好ましくない。日本生まれの日本育ちでも、英語できちんと的を射たことが言える人であれば、ハーバードに合格する確率が高まることは確かだ。

とはいえ、幼少時から大学までずっと日本で教育を受けた人は、エッセイやテストの点数などで他の受験者と遜色《そんしょく》ない英語力、論理力があることを示す努力をする必要がある。杉田さんは言う。

「英語力については、面接で内容のあるディスカッションができるよう心がけたことに加え、GMATでも高い点数を達成しようと、地道に勉強しつづけました。海外経験が少ない人は、テストスコアも特に厳しくチェックされると思ったので、そこは人一倍努力したと思います」

GMATで高い点数を達成するため、杉田さんは週末などに集中的に時間をとって、過去問を繰り返し解いたり、英単語を覚えなおしたり、難解な英文から短時間で意味を汲み取ったりする訓練をひたすら行った。

ハーバードの入学審査官は、「テストスコアで合否を決めない」と言うが、英語のディスカッション力が弱いとされる日本人受験者は、その偏見をくつがえすべく、最大限の努力をしなくてはならないのも、また事実なのだ。

合格者2　三宅博之（みやけ・ひろゆき）

1986年京都府生まれ。
2003年に東京学芸大学附属高等学校在学中に、
UWC奨学生として、カナダのピアソン・カレッジ高等学校に留学。
2008年12月米国マカレスター大学経済学部を早期卒業。
2009年マッキンゼー・アンド・カンパニー日本支社入社。
コンサルタントとして、製薬企業の組織設計や
食品企業の戦略策定などのプロジェクトに従事。
2012年ハーバード大学経営大学院入学。2014年MBA取得予定。

「僕の場合、他の日本人の皆さんとは少し違うルートでハーバードに入学しました。実は、マカレスター大学在学中にハーバードに合格したのです」

三宅博之さんは二〇〇八年、大学三年生と四年生の間の夏休みを利用してハーバードを受験し、同年九月に合格した。

大学時代に二十一歳で受験してハーバードに合格。そんな日本人には初めてお会いする。その秘訣は何だろう。

ハーバードは二〇〇八年から、大学・大学院の在学生を対象とした「2＋2《ツープラスツー》プログラム」という特別入学プログラムをはじめた。

2＋2プログラムは、四年制大学や大学院の修士課程に在籍している学生をいわば青田買いするプログラムだ。若くて優秀な学生を、就職して社会に染まる前に、ハーバードに取り込も

うという制度だ。

合格者は、大学卒業後、二年以上、就業体験を積んだ上で、ハーバードに入学。二年間でMBAを取得する。社会人経験二年＋ハーバード二年ということから「2＋2」と呼ばれている。TOEFL・GMATのスコアやエッセイなど、受験の際に提出する書類は通常の受験者と同じだし、もちろん面接もあるが、合格基準は通常の受験者とは少し異なっている。問われるのは「学生時代に体験したリーダーシップ」だし、アカデミックな能力も特に厳しく審査される。

三宅さんはこのプログラムに合格した初めての日本人だ。大学時代にたまたま同級生からこの制度のことを知り、軽い気持ちで受けてみたという。その結果、日本人第一号として見事合格。大学卒業後は三年ほどマッキンゼー・アンド・カンパニー日本支社で働き、二〇一二年にハーバードに入学した。

在学中は、経済学者になるか、ビジネスの世界に入るか迷っていたが、この合格通知でビジネスの世界に進むことに決めたという。

高校も大学もハーバードも、すべて奨学金を獲得して留学している三宅さんは、「自分がここまで海外で教育を受けられたのも、奨学金のおかげ。ハーバード卒業後は、学んだことを社会に還元したい」と話す。

2＋2の受験で三宅さんがエッセイに書いたのは、「自分にしか書けないこと」。他の人が書かないような体験をなるべく具体的に書いたという。

◉課題エッセイの設問（二〇〇八年・2+2プログラム受験者）

1　あなたがこれまでに達成したと思うことを三つ教えてください。そしてなぜその三つなのか、理由も教えてください（六〇〇語）

2　大学での学業に関する経験で、入学審査委員会に伝えたいことは何ですか（六〇〇語）

3　次の質問の中から2つを選んで回答してください（各四〇〇語）

3―1　リーダーシップ開発に決定的な影響を与えた経験について述べてください。その経験が浮き彫りにしたあなたの強みと弱みは何ですか（三宅さん選択）

3―2　カルチャーショックを受けた経験について述べてください

3―3　あなたのキャリアヴィジョンは何ですか。そしてハーバード大学経営大学院への進学はどのような意味を持ちますか

3―4　地球上の問題であなたにとって最も重要な問題は何ですか。そしてその理由は何ですか

3―5　その他に、あなたを理解してもらうために入学審査委員会に伝えたいことはありますか（三宅さん選択）

3―6　失敗から何を学びましたか

異文化体験が今の自分を形作っていることを知る

三宅さんは、「自分が達成したと思うこと」として、次の三つを書いた。

①小学一年生でイギリスの小学校に転入したとき、英語がまったくわからなかったが、一年間、猛勉強を重ね、二年生のときには成績優秀賞をもらうまでになったこと
②イギリスから帰国し、日本の中学校に転入したとき、カルチャーショックに陥ったが、サッカー部に入部して仲間をつくることによって克服し、最終的には卒業生総代になったこと
③大学時代、日米学生会議のアメリカ側の副実行委員長をつとめたこと

「幼少時に外国の学校に通って苦労した」「日本に帰国したとき苦労した」というストーリーは、大学生が書く課題エッセイによく見られる内容だ。三宅さんが他人と差別化するために工夫したのは、なるべく情景が浮かぶように書いたことだ。

たとえば、小学一年生のとき、イギリスの小学校で英語が英語として聞こえるようになった瞬間。

「It's a bee!(ハチだ!)」

教室にハチが入ってきたときに、クラスメートが叫んだ。そのとき初めて英語の単語一つと

モノ一つが結びつき、Bee＝ハチということがわかったのだという。

中学時代は、日本語がわからなかったというより、日本文化についての知識が不足していたために同級生が話していることの中身がわからず、カルチャーショックに陥ってしまった。マンガ、テレビ番組、日本語での冗談などは、三宅さんにとっては未知のものばかりだった。

三宅さんが特に力を入れて書いたのは、三つ目のマカレスター大学時代の話だ。大学三年生のとき、日米学生会議の副実行委員長をつとめた。

前出の杉田道子さんは、第五十七回日米学生会議（二〇〇五年）の日本側実行委員長だったが、三宅さんは、その二年後の第五十九回日米学生会議（二〇〇七年）のアメリカ側副実行委員長。もちろん、アメリカ側の実行委員の中でただ一人の日本人だった。

第五十九回のテーマは「太平洋から世界へ～グローバルパートナーシップの探究と次代の創造～」。二〇〇七年の夏、東京、秋田、広島、京都で開催された。

三宅さんは、副実行委員長として、プログラムの企画、運営、資金調達などを担当したが、最も苦労したのは、アメリカから文化交流の企画を提案して、実現したことだった。

日米学生会議は、一般財団法人国際教育振興会の主催で運営されている。つまり日本側の資金で運営されている組織だ。三宅さんらアメリカ側のチームは、「江戸切子の制作など、江戸文化を体験するイベントを開催したい」と提案したが、なかなか予算がおりなかった。この会議は学生交流イベントということもあり、ギリギリの予算で運営されていた。

「小さいことかもしれませんが、アメリカ人に日本文化を体験してもらうイベントは絶対にやるべきです」

「僕は日本人としてアメリカ人に日本文化の素晴らしさを体験してもらいたいのです」

三宅さんは、熱く説得を続けた。その熱意に主催者も納得し、最終的にイベントは開催できることになった。この成果をリーダーシップ体験として伝えた。

「ここで強調したのは、学生でありながら、日本の五十代や六十代の年輩の方々を説得した経験です。特に僕はアメリカ側の代表とはいえ日本人ですから、かえって年上の方々に話を聞いてもらうのは難しかったですが、何度もお願いをして実現することができました」

三つの「達成したこと」で、大学生の三宅さんが伝えたのは、自分のアイデンティティを形作った異文化体験だ。日本からイギリスの学校に転入したとき、イギリスから日本の学校に転入したとき、そしてアメリカ側の人間として日本人と交渉したとき、三宅さんは、自分はどこの国の人なのかと考えるような複雑な状況を経験した。

ハーバードは課題エッセイの設問で「カルチャーショック」を問うこともあるように、異文化に挑戦した経験は価値があるとみなす。異文化に柔軟に対応できる人かどうかは、将来のグローバルリーダー候補を選ぶ上で、ぜひとも知っておきたいことなのである。

問題を早く察知して早く解決することの重要性を痛感する

三問目（3―1）の「リーダーシップ開発に影響を与えた経験」についても、三宅さんは日米学生会議でのリーダーシップ経験から学んだことを書いた。

第五十九回日米学生会議には、日本側から三十六名、アメリカ側から三十六名の学生が参加。アメリカ側の実行委員は三宅さんを含め八名だった。開催期間は、二〇〇七年七月二十六日から八月二十日の約一ヵ月間。東京、秋田、広島、京都にそれぞれ約一週間ずつ滞在しながら、特定のテーマについて研究したり、日本文化を体験したりするプログラムだった。三宅さんはナショナリズムを考える分科会に参加。日米混合の九人グループのリーダーになった。

分科会の活動は二週目までは比較的順調だった。不協和音が生じたのは、三週目のことだった。移動が多く、分刻みのスケジュールの中で、アメリカ人も日本人もメンバー全員、疲弊していた。そのうち、ある女子学生がミーティング中によく眠ってしまうようになった。皆、議論に集中できず、停滞したムードが蔓延《まんえん》する。三宅さんは、ミーティングを仕切っていた女子学生がこう不満をもらしているとのうわさを聞いた。

「私がこんなに頑張っているのに、どうして寝ちゃうの！」

チームリーダーとして何とかこのムードを改善しようと、三宅さんは眠ってしまう女子学生と一対一で話すことにした。

「ミーティング中に眠ってしまうのはどうして？　疲れているのかな」

すると、彼女は思わぬことを口にした。

「私、日中に眠ってしまう持病があるんです。ヒロに言ってなくてごめんなさい」

この体験を三宅さんは、「自分のリーダーシップ開発に影響を与えた経験」として書いた。「何となく不協和音は感じていたのに、なぜもっと早く解決しなかったのかと思いました。チームメートが我慢できなくなるまで放っておいて、九人全員が微妙な感じになってしまいました。早く彼女に事情を聞くべきだったし、解決方法も考えるべきでした」

彼女は持病のことをあまり皆に言ってほしくないとのことだったので、ミーティングを仕切っていた女子学生にだけ、個別に伝えた。その後、停滞ムードは少しよくなったものの、結局元には戻らなかった。そして停滞したまま、全体のスケジュールが終了してしまった。

三宅さんにとっては、問題を早く察知して、早く解決することの大切さを学んだ苦いリーダーシップ経験となった。

インターン試験に不合格になった理由をあえてハーバードに伝える

二問目の「大学での学業に関する経験で伝えたいこと」については、自身が倫理的ジレンマで悩んだ経験を書いた。

通常、こうした設問には、授業の一環として海外でプロジェクトを行った体験や成績優秀者として表彰された経験など、華々しい実績を書く。ところが三宅さんは、自分が倫理的ジレンマ問題に悩み、その結果、間違った決断をしてしまった経験をあえて書いた。

「エッセイにきれいな話を書く人は多いですが、すべてきれいな話だけで自分のことは語れないと思いました。他の人が、文章を整えて、きれいな話を書くところで、あえて内面的な話を書いたのはそのためです」

三宅さんが倫理的ジレンマに悩んだのは、マカレスター大学の会計学の授業でのことだ。この授業では宿題をすべてチームで提出しなくてはならないことになっていて、三宅さんもある女子学生とチームを組むことになった。ところが、このチームメートは会計がかなり苦手だった。しかも、努力するそぶりも見せない。彼女はいわゆる「フリーライダー」(優秀なチームメートがやった宿題にただ乗りすること)タイプの学生だった。ほぼすべての宿題を、三宅さんが一人でやることになった。正直、宿題に彼女の名前を入れるのもいやなくらいだったが、チームでの提出はルールだから仕方がない。

「少しぐらい協力してくれよ」

文句の一つでも言おうかと思ったが、彼女がまったく会計の問題を解けないことも知っていた。

「言っても無駄だ。こんな学生と組まされるなんて、何て不運なんだろう……」

会計学の授業では、三宅さんの他にもフリーライダーに悩まされていた学生が何人かいて、不満を募らせていた。その雰囲気を察した教授は、学期の終わりに意外なことを言った。

「自分のチームメートに対して、A(優)、B(良)、C(可)で評価してください。その評価を本人に見せた上で、私に提出してください」

三宅さんは悩んだ。アメリカの大学では、成績がとても重要だ。成績が大学院への進学や就職に大きな影響を与えるからだ。

「Cはかわいそうだけれど、せめてBをつけたい」

と思ったが、これを本人に見せるのかと思うと、心が揺らぐ。考えに考えた末、三宅さんは彼女にAをつけた。もちろん、彼女からの評価もAで、その場は丸くおさまった。

この決断を「間違っている」と教えてくれたのは、ある投資銀行の採用担当者だった。三宅さんは大学三年生のとき、インターンシップの試験を受けたのだが、そのとき電話インタビューで、「最近、どんな授業を受けているのか」と聞かれた。採用担当者は偶然、マカレスター大学の先輩だった。

「会計学の授業を受けているのですが、自分一人で全部チームプロジェクトをやらなくてはいけなくて、大変でした」

三宅さんは、チームメートが何も協力しない状況だったことを説明した。そして、とても倫理的に正しいのか悩んだが、最終的には相互評価で「Aをつけてしまった」と伝えた。

すると、採用担当者は、こう言った。

「Bだと信じたのに、Bをつけないというのは、インテグリティ上、問題だよ」

インテグリティとは、職業上の規範やリーダーとしての清廉さを指す。当時、アメリカの金融業界では、粉飾決算や不正会計問題が相次いで生じ、投資銀行のバンカーに対してもインテグリティが厳しく問われていた。

この場合、「BをつけないでAをつける人」とは、「上司や同僚が倫理上正しくないことをしていたと思っても、上司や同僚のことを慮《おもんぱか》って、本人や会社側に言わない人」を意味する。

三宅さんは、この会社でインターンとして働くことはできなかった。

「自分の能力が足りなかったという理由ではなく、インテグリティの問題でダメだったというのは、とても悔しいことでした。小さな話かもしれませんが、自分の内面では大きな出来事だったので、あえてエッセイに書いたのです」

高校、大学、大学院、すべて奨学金を獲得する

三問目（3―5）の「その他に入学審査委員会に伝えたいこと」については、奨学金でカナダの高校、アメリカの大学に通ったことを伝え、その教育で得た知識を最終的に社会に還元することが自分の将来のミッションだと書いた。

「アメリカではよく、人生の三分の一を『学ぶ』、三分の一を『働く』、そして最後の三分の一を『社会に還元する』ことに使えと言われますが、僕は奨学金で教育を受けさせてもらったことに感謝し、自分が教育から受けた恩恵をハーバード卒業後も社会に返していきたいと思っています」

ちなみに三宅さんは、ハーバードも大学が探してくれた奨学金で通っている。ハーバードの授業料は、年間およそ六万ドル（およそ六百万円）。卒業までの二年間で、生活費も入れると二千万円ほどかかる。ところが、ハーバードは他の大学と比べても、学生への財政支援が手厚いことで知られている。留学生も含め、六五％の学生が奨学金など、何らかの支援を受けているという。

「合格してから大学に相談したら、一生懸命探してくださったのです。アメリカの大学の学費は高いですが、ハーバードはファイナンシャルな面でのサポートが手厚いと思いました」

このように、高校、大学、大学院とすべて奨学金を獲得した三宅さんだが、奨学金が自動的に与えられたわけではない。人一倍、努力をして、奨学金を探したのだ。高校留学のために応募したＵＷＣ（ユナイテッド・ワールド・カレッジ）奨学金は、東京にあるブリティッシュ・カウンシル（イギリスの国際文化交流機関）などに通いつめて、ようやく見つけた奨学金だった。高校時代は奨学金を探して留学系の雑誌を、目を皿のようにして読んでいたという。

筆者の経験からすれば、こうした奨学金は、ほとんどが宣伝などしておらず、探して、探して、探さないとめぐりあえない。やっと探し出しても、募集がわずか数名というケースが多く、合格するのは至難の業だ。

三宅さんの場合は、成績が群を抜いて優秀だったことや、常日頃から抱いている日本社会に対する問題意識を面接でアピールできたことが、奨学金の獲得につながった。

「東京学芸大学附属高校から東京大学へ進学するのはよくあるパターンですが、それはその先の人生が見えるようで、僕はいやだった。日本の詰め込み型教育も正しいとは思いませんでした。人と同じ道を進むのはやめようと思って、高校から自分の力で留学したのです」

ハーバードは、高校から主体的に自分の人生を切り開いてきた三宅さんの生き方を評価し、大学在学中にもかかわらず、合格通知を出したのかもしれない。

マカレスター大学卒業後、三宅さんはマッキンゼー・アンド・カンパニーの日本支社で、コンサルタントとして製薬企業の組織設計や食品企業の戦略策定などのプロジェクトで活躍する。ハーバード卒業後は、しばらくアメリカに残って働くものの、近い将来、日本に戻る予定だという。

「金融を通じて日本のビジネスを変えたいという気持ちは入学前から変わっていません。ハーバードの先輩である三木谷浩史さんや南場智子さんのようなイノベーションを起こしていくリーダーに、少しでも近づければいいなと思っています」

Column 2

発展途上の2＋2プログラム

三宅博之さんが二十一歳で合格した「2＋2《ツープラスツー》プログラム」は、四年制大学あるいは大学院修士課程に在籍中の学生を対象としたハーバードの特別入学プログラムだ。三宅さんは二〇〇八年からはじまったこのプログラムの第一期生。もちろん日本人第一号だ。

第一期生としてハーバードで学びながら、三宅さんはこのプログラムはまだ学校としても試行錯誤の段階ではないかと感じている。

「僕たちが合格したときは、ハーバードで夏合宿みたいな交流会があって、2＋2の仲間同士、入学前にとても親密になるプログラムになっていました。現在は、こういう入学前合宿みたいなものはないようです」

2＋2合格者が入学前に結束し、通常の合格者との間で少し溝ができてしまったからではないかという。また、このプログラムにはプラス面とマイナス面があると分析する。

「プラス面としては、このプログラムで入学した人に、エッジのきいた人材が多いことです。親しい同級生の中には、美術大学出身のデザイナーもいれば、インド工科大学出身で、起業に二回失敗してシリコンバレーで修業していた人もいます。こういうタイプは従来のハーバードの学生にはあまりいないと思います」

三宅さんがマイナスだと思ったのは、ハーバードへ入学する前の二十二歳から二十四歳までの二年間の過ごし方だ。

「『どうせハーバードに行くのだからという気持ちで過ごした二年間』と『社会人のスタート地点だから死ぬ気で働こうとした二年間』。どっちがよかっただろうかと考えることがあります」

ハーバードは、2＋2プログラムは一定の成果をあげていると見て、二〇一四年に入ってからも数多くのアメリカ国内の有名大学を訪問し、説明会を開催している。

ハーバードのウェブサイトによれば（【表2】）、二〇一四年九月に2＋2で入学する学生数は百七人。ハーバードは一学年九百人なので、およそ一割が、この青田買いプログラムでの入学者となる。応募者は千二百三十五人で、合格率は九%。通常の受験よりも難関となっている（ハーバード全体では合格率一二%）。女性が四割で、アメリカ国外からの留学生が三割。GMATの平均点は七四〇点（八〇〇点満点）

【表2】ハーバード大学経営大学院　2014年入学者のプロフィール（2+2プログラム）

概要

受験者数	1235人
合格者数	107人
合格率	9%
女性	42%
留学生	33%
出身国数	19ヵ国

GMAT、大学時代の成績

GMATの点数	660〜790点
GMAT平均点	740点
GPA（大学時代の成績）平均点*	3.78点

大学での専攻、出身大学数

理工系（STEM）	64%
経済・経営	19%
人文・社会	17%
出身大学数	48校

＊1単位4点満点で換算。4段階評価以外の大学は除く

出所：http://www.hbs.edu

で、GPA（大学時代の成績平均）は、四点満点中、三・七八。つまり成績がほぼオールAの人たちばかりだ。専攻は、STEM（理学、テクノロジー、工学、数学）が六四％、経済・経営が一九％、人文・社会が一七％で、圧倒的に理系重視だ。

2+2プログラムは、受験するタイミングが通常と違うだけで、その他はすべて同じ。TOEFL、GMATのスコアは必須だし、課題エッセイ、推薦状などの応募書類も同じだ。当然、面接もある。三宅さんの後にまだ日本人の合格者は出ていないが、日本の大学生も挑戦してみる価値は十分にあるだろう。

合格者 3

森田揺加
(もりた・ゆりか)

1985年東京都生まれ。
2002年、筑波大学附属高等学校在学中、AFS交換留学プログラムにて、
米国メイン州バンゴール高等学校に留学。
2004年米国ハバフォード大学入学。
英国ロンドン・スクール・オブ・エコノミクス（LSE）への留学を経て、
2008年ハバフォード大学（経済学専攻）卒業。
同年シティグループ証券株式会社入社。
東京、香港、シンガポールなどで、アジアの法人向けに、
商業用不動産ローン担保証券、
コモディティ・デリバティブなどの金融派生商品の販売に従事。
2012年ハーバード大学経営大学院入学。2014年MBA取得予定。

森田揺加さんが欧米の経営大学院でＭＢＡを取得しようと思ったのは、アメリカのハバフォード大学在学中のときだ。そのときは明確にハーバードを目指したわけではなく、漠然と欧米の経営大学院に行ければいいなと思っていた程度だという。

ＭＢＡを目指すきっかけとなったのは、大学一年生の夏、インドネシアのジョグジャカルタでのインターンシップだ。森田さんは、Sanggar Anak Alam（ＳＡＬＡＭ＝子どもたちのための自然の家）というＮＧＯのスタッフとして、およそ二ヵ月半、現地の恵まれない子どもたちに英語と日本語を教えた。しかし、そこで実感したのは、自分が今ここで語学を子どもたちに教えても、彼らの状況が根本的に改善するわけではない現実だった。

「持続可能な社会的流動性を生み出すシステム

をつくることで途上国の開発に貢献したい」

森田さんは大学の専攻を医学から経済学に変更した。卒業後、数年働いてから経営大学院に進学しようと決め、GMATの勉強もはじめた。

「就職したらテストの勉強をしている時間はないだろうなと思って、大学時代にGMATを受験しておこうと思いました。テストのスコアは五年間有効ですから」

大学卒業後、東京のシティグループ証券に就職。これも近い将来、途上国の開発援助に携わるために金融の知識を身につけるためだった。二、三年勤務して経営大学院に進学するつもりだったが、会社のアジアリーダーシッププログラム派遣者に抜擢されたこともあり、計四年間、アジア各国で勤務。二〇一二年、ハーバード大学経営大学院に進学した。

森田さんは、ハーバードにどんなリーダーシップ体験を伝えて、合格したのか。そこには高校まで日本で育ちながら、自らの意志で留学し、二十代のほとんどを海外で過ごすという驚くほど豊富な国際経験があった。

◉課題エッセイの設問（二〇一二年受験者）

1　あなたがこれまでに達成したことを三つ教えてください（六〇〇語）

2　あなたが直面した挫折を三つ教えてください（六〇〇語）

3　なぜMBAを取得したいのですか（四〇〇語）

4 私たち（入学審査委員会）に聞いてほしい質問は何ですか。そしてその質問について答えてください（四〇〇語）

アメリカの大学で学生団体を設立する

森田さんは自身がリーダーシップをとった成果として次の三つの実績を伝えた。

①ハバフォード大学時代、アフリカ・スーダンでのジェノサイド（集団殺戮《さつりく》）に抗議する学生団体を立ち上げたこと
②シティグループ証券で、東京からアジアに派遣される最初の社員となり、東京とアジアのオフィスを結ぶ人的ネットワークやシステムを築いたこと
③シティコープ・インベストメント・バンク（シンガポール）でお客さんからのフィードバックをもとに、金融派生商品の販売システムを改善したこと

この中で特筆すべき経験は、やはりアメリカの大学で、英語もまだ完璧には話せない一年生のときに学生団体を一から立ち上げたことだろう。

「スーダンのダルフール紛争でジェノサイドが行われていることを、ペンシルベニア大学のカンファレンスで知りました。『自分は国際問題について何て無知だったのだろうか』と衝撃を

受け、いてもたってもいられなくなりました。スーダンの状況をもっと知ってほしいと学生団体を立ち上げたのです」

森田さんは、ハバフォード大学で社会正義と国際紛争に関する授業を多数履修していたが、このカンファレンスでの生々しい報告やビデオは、森田さんの心を突き動かした。

「主催者はワシントンD．C．のホロコースト記念博物館だったと思います。『学生でもこういうことができます』と力強くおっしゃっていたのに触発されました」

ハバフォード大学は、アメリカのリベラルアーツカレッジ（少人数制で教養と思考力を養う教育を施す大学）の中でも、学生に地球規模で社会問題を考える機会を多く与えることで有名だ。校内に「平和と地球市民センター」という専門機関を持ち、学生は世界中でボランティア活動や途上国の支援活動を行うことができる。

こうしたハバフォード大学の校風にも触発され、森田さんは二〇〇五年、五人の親しい友人とともに「ジェノサイドに反対する学生たち（Students Against Genocide）」という団体を設立。同年三月には、三日間にわたって啓発イベントやシンポジウムを開催した。

シンポジウムでは、国境なき医師団のメンバーや駐米ルワンダ大使といった専門家を招き、生の情報を聞いた。イベントでは緑のラバーブレスレットを販売し、屋外にテントを張って難民キャンプを再現した。こうした「ジェノサイドに反対する学生たち」の活動は、ハバフォード大学のニュースにも大きく取り上げられた。

この実績を森田さんは「自分が達成したこと」としてハーバードに伝えたが、同時に自分が失敗したエピソードも素直に織り交ぜた。スーダンの状況を多くの人に伝えなくてはという衝動を胸に一人で突っ走ってしまった結果、活動メンバー間の雰囲気がとても悪くなってしまったのだという。ときにはイライラしながらメンバーに仕事を頼むこともあった。

「『ユリカは怖い人だね』と言われたのが一番ショックでしたね。そんなつもりはまったくなかったのに。エッセイには、六人で目標を達成するために、もう少し達成するためのプロセスを考えて行動するべきだったことを学んだと書きました。『角を矯《た》めて牛を殺す』とはこのことです」

私はこういうことを達成しましたと自慢するのはたやすい。逆に、達成したことの中にあえて失敗談を入れるのは、勇気がいる。森田さんの場合は、異国で、しかも弱冠十九歳で学生団体を立ち上げた体験を、失敗を含め素直に書いたことが評価されたのかもしれない。

日本からのアジア派遣者第一号として問題解決に挑む

森田さんは二〇〇八年、東京のシティグループ証券に入社。グローバル・マーケッツ本部のアナリストとして、不動産の証券化や、企業が資金調達をする際のストラクチャードファイナンス（証券化、プロジェクトファイナンスなど、顧客のニーズに応じた仕組みを利用して資金調達を行う仕事）を担当した。

シティグループ証券でのエピソードでは、アジアリーダーシッププログラムに日本人第一号として派遣されたことを書き、次の三点を強調した。

・決められた役割以上のことをやってきたこと
・問題を見つけて、解決のためのアクションをとってきたこと
・社内からのネガティブなフィードバックを学びに変えたこと

森田さんが参加した人材交流プログラムは、シティグループ証券の世界的な組織改革からはじまった。二〇〇八年のリーマンショック後、それまで別々のマーケットとして管理していた日本とオーストラリアをアジアのマーケットとして一元化。統合により、金融商品やビジネス情報をアジア全体で共有し、効率化を図ろうというのが狙いだった。

日本の情報をアジアで共有するには、人を派遣するのが一番だ。そこで、入社一年目の森田さんに白羽の矢がたった。

「突然、上司から『一年間アジアに行かないか』と言われました。シティグループのニューヨーク研修で日本以外の国でも問題なく仕事ができると判断されたことから、私が選ばれたようです」

このプログラムの下、森田さんはマニラ、シンガポール、上海、香港のオフィスで研修を受

けた後、二〇一〇年、シティコープ・インベストメント・バンク（シンガポール）に赴任。森田さんの担当は、金融派生商品の販売で、主な顧客は東南アジアと日本の投資家だった。

赴任後まもなく、東京の営業部門からトラブルの報告が相次ぐようになった。森田さんがエッセイに書いたのは、ここで問題解決に貢献した経験だった。

「シンガポールの商品をお客さんが買ってくれるのはありがたいんだけど、アメリカ、シンガポール、東京が連携して確認作業をしなくてはいけない。それがスムーズにいっていなくて、事務処理の確認漏れが結構あり、困っているんだよ」

森田さんは、これはオペレーションの問題だと気づいた。

「それは、アメリカ、シンガポール、東京で誰が何をやるかを明確にすればいい問題ですから、解決できると思いますよ。私、やってみます」

各国で起きている問題を調査して整理した結果、三ヵ国を結ぶシステムはあるのだが、各国で誰が何をチェックして、それをどこに報告するかというオペレーションが明確になっていないことがわかった。

そこで森田さんは、「確認チェックリスト」を作成して、各国の担当者に提案した。すると、シンガポールの商品を日本の投資家に販売するための社内人材のネットワークを構築することができた。最初に東京から相談を受けて三ヵ月で問題を解決できたという。

「自分が問題を見つけて解決できる人間であること、社内からのフィードバックを学びととらえられる人間であることをこのエピソードで伝えたつもりです。小さな社内改革ですが、当時の自分の中では『自分がリーダーシップをとってやり遂げたこと』だったと思います」

「ファミリー・ガイ」が理解できない自分を乗り越える

人生の挫折体験として、森田さんがハーバードに伝えたのは次の三つのエピソードだ。通常、挫折体験というと、会社に入ってからの失敗談を書くことが多いが、森田さんの場合は、すべてハバフォード大学での体験を書いた。

①ハバフォード大学でアメリカ人の友人がなかなかできなかったこと
②インドネシアのNGOでのインターンシップで自分のスキルの限界を感じたこと
③経営コンサルティング会社のオーストラリア支社の就職試験を受けた結果、不合格となってしまったこと

アメリカに留学したものの英語ができなくて苦労しましたという話は山ほどあるが、森田さんの場合は、「ファミリー・ガイ」というアニメーションにまつわるエピソードとともに具体的に伝えた。

森田さんが初めてアメリカに留学したのは、筑波大学附属高校二年生のときだ。AFS（留

学生の受け入れ、派遣、各種交流活動を行う国際的なボランティア組織）の交換留学制度を利用して、メイン州のバンゴール高校で一年間学んだ。アメリカの大学に進学することは決めていたが、いったん日本に帰国して高校を卒業。二〇〇四年、ペンシルベニア州のハバフォード大学に入学した。リベラルアーツカレッジのハバフォード大学は、ほとんどの学生が学生寮か大学所有のアパートに入居し、同じ敷地内に住む。森田さんも学生寮に入寮したが、その寮に日本人は一人しかいなかった。

「入学したばかりのころは、どちらかというと暗かったと思いますね。英語はよくわからないし、アメリカ人の輪の中に入っていけないし……」

この寮には、共用スペースにテレビが一台あり、そこで毎週火曜日の放課後、「ファミリー・ガイ」というアニメーション番組を見るのが寮生の間で流行《はや》っていた。「ファミリー・ガイ」は、フォックステレビの大人向け人気アニメーション。アメリカの歴史や風習を皮肉ったブラックジョークが満載で、アメリカ人の同級生は皆、ゲラゲラ笑いながら見ていた。

何度か鑑賞会に参加してみたが、会話の内容がスラングばかりで聞き取れず、ネイティブアメリカンやキリスト教のジョークもよくわからない。こんなアニメ、何が面白いのだろう。そのうち鑑賞会に参加しなくなり、アメリカ人グループとも距離を置くようになった。かわりに仲良くしていたのは、アジアや中南米からの留学生たちだった。

森田さんは、このときの自分を「今から振り返れば失敗だった」とハーバードに伝えた。

アメリカにいるのに、アメリカを理解しようともせず、殻に閉じこもってばかりの自分。「自分には何かが足りない……」。多様な文化を自分の一部にしていないことに気づいたのは、数ヵ月後のことだった。

「ハバフォードでは、理学、文学、人類学を中心に『これ以上は努力できない』というぐらい勉強しました。こうした教養を身につけていく中で、友人のネットワークが広がり、自分の活動範囲も増えていったのです。気がついたら『ファミリー・ガイ』が面白くなっていました」

ハバフォード大学在学中の四年間を、森田さんは睡眠時間四時間というスケジュールで過ごした。その他の二十時間をすべて授業、授業の予習・復習、クラブ活動や学生団体の活動にあてた。人生で最も勉強して活動したこの時期があるからこそ、今の自分があるという。「ファミリー・ガイ」のエピソードは、そうした努力の結果、多様な文化を受け入れられるように成長した自分の姿を伝えるために象徴的に書いたのだ。

森田さんはハバフォード大学を準最優等（magna cum laude）で卒業。全米の大学の成績優秀者により構成されるファイ・ベータ・カッパ（phi beta kappa）のメンバーにも選ばれた。

挫折をきっかけに自分を努力して変えた経験は、何よりも説得力を持つのだ。

インドネシアのNGOで自分の限界を知る

二つ目の挫折体験として森田さんが書いたのは、ハーバードを志すきっかけともなったインドネシアでのボランティア体験だ。

先に触れたように、大学一年目が終わった夏休み、森田さんはインドネシアのジョグジャカルタでボランティア活動に参加した。インターンシップ先は大学の「平和と地球市民センター」を通じて探し、SALAM（子どもたちのための自然の家）というNGOのスタッフとして、およそ二ヵ月半、貧しい子どもたちに英語と日本語を教えた。

SALAMは、ジョグジャカルタを拠点とするインドネシア有数のNGOだ。主に恵まれない未就学児童のために、読み書きだけではなく英語、音楽、ダンス、絵画などを教えている。

SALAMの活動に参加しながら、森田さんは自分がやっていることの限界を痛感することになる。英語は途上国の人たちにとって、最も重要なスキルであることは間違いないが、英語を教える活動を自分が二ヵ月続けたところで、どれだけのインパクトがあるのだろうか。

「どんなに頑張っても三十人にしか教えられないのです。それに、NGOは寄付によって成り立っていますから、寄付金の範囲内、設立目的の範囲内でしか活動ができないという現実も知りました」

自分がどれだけ言語を教えても、NGOがどれだけお金を集めて活動しても、インパクトは部分的で限られているのだ。

貧困層の子どもたちの生活環境を根本から改善するには、より多くの子どもたちが継続的に一定水準の教育を受ける必要がある。しかし、農業や廃品回収などの仕事で生計をたてている貧しい家庭では、子どもたちは貴重な働き手で、学校に行くことすらままならない。

アジア開発銀行の調査報告（二〇〇六年）によれば、インドネシアの人口の半分以上が一日二ドル以下の生活を余儀なくされているという。一億二千万を超える人々が貧困ライン以下で生活している計算になる。子どもたちが継続的に教育を受け、よりよい雇用を見つけられる仕組みをつくらなければ、問題は永遠に解決しないのだ。

「ビジネスは余剰利益を投資に回すことで継続的に存続できるシステムの典型例です。そのビジネスのコンセプトを使って途上国援助に関わりたいと思ったのは、このときです。ビジネスを使えば持続可能な仕組みが生まれ、ＮＧＯよりもずっと大きなインパクトを生み出せる。そのためにハーバードに行くことが必要なのだと伝えました」

最後のエッセイは「あなたが尊敬する人物は誰ですか、そしてその理由は？」というテーマで書いた。

「緒方貞子さんが『日本人のアイデンティティを持つグローバルリーダー』として、難民支援の分野で活躍しているところに強く惹かれました。自分が目指すべきリーダーの姿を伝えたいと思い、緒方さんのことを書きました」

その信念は、ハーバード卒業を目前とした現在も変わっていない。二〇一四年の春休みには、ハーバードの実習授業の一環として、マレーシアのサバ州で、低コストで運営できる私立学校のビジネスモデルづくりに参加した。

ハーバード卒業後も、森田さんは初志貫徹で「持続可能な社会的流動性を生み出すシステムをつくることで途上国の開発に貢献したい」という思いを胸に、途上国の教育に関わっていく予定だ。

Column 3 ハーバードへと導いた父の教え

高校からアメリカに留学し、アメリカの大学を卒業し、ハーバード大学経営大学院に合格する。日本人留学生や卒業生を取材していると、こういう人が増えてきたように思う。

筆者の高校時代は、もちろんまだインターネットなどなく、ＡＦＳ、ＹＦＵ、ＵＷＣのように高校から奨学金で留学できるプログラムを提供している団体があるなど知る由もなかった。ましてや、筆者が通っていたのは地方の県立高校だ。東京の大学に進学する人も少なく、ましてや海外に留学する人などいなかった。筆者の両親は日本生まれの日本育ちで、留学経験などなかったから、もちろん奨学金の存在など知らない。「就職してから会社のお金で海外に行かせてもらえるといいわね」と言われながら育った。

一方、森田さんのご両親はともにＡＦＳ奨学生だ。母親の啓子さんは英語の同時通訳者であり、父親の祐理さんは大手電機メーカーで海外ビジネスを手がけていた。国際的に活動する両親のもと、森田さんは二歳から英語の英才教育を受け、中学校入学時にはネイティブレベルの発音を身につけていた。こうした家庭環境で育ったため、「高校から留学するのは、私にとってはとても自然な流れだった」という。

森田さんが「今、ハーバードで学ぶ自分があるのは、両親のおかげだ」とあらためて思ったのが、二〇一四年二月、父親の祐理さんが急逝されたときだ。

「父が長年親しくしていたアメリカ人の友人に、電話で父が亡くなったことを知らせました。このとき父の友人と家族ぐるみで親しくしていたことがアメリカに対して親近感を抱くことにつながったのだと気づきました。アメリカに住み、アメリカで学ぶのが自然だったのも、父が知らず知らずのうちに道筋をつくってくれたからなのです」

その友人は、祐理さんが大手電機メーカー時代、アメリカでグローバル企業とビジネス交渉を行った際、力になってくれた弁護士だった。

祐理さんが教えてくれたのは、それだけではない。人種、国籍、宗教などを超えて友情が生まれることを、この友人との二十年以上にわたる交流を通じて森田さんに見せてくれたのだ。

「異文化を受け入れる価値観が私の中に育まれたのは、父のおかげだったと思います。ハーバードを受験する際も全力でサポートしてくれましたし、合格したとき誰よりも喜んでくれました。父の教えがあったからこそ、ハーバードに合格できたのだと思っています」

合格者4

湯浅エムレ秀和
（ゆあさ・えむれ・ひでかず）

1985年トルコ生まれ。
トルコ人の父親と日本人の母親のもとに生まれる。
2004年スイス公文学園高等部卒業。
2008年米国オハイオ州立大学経営学部卒業後、
デロイトトーマツコンサルティング株式会社、
KPMGマネジメントコンサルティング株式会社（現・KPMGコンサルティング）
にて、コンサルタントとしてPMI（経営統合）や
海外進出プロジェクトに従事。
2012年ハーバード大学経営大学院入学。2014年MBA取得予定。

トルコ人の父親と日本人の母親のもとに生まれた湯浅エムレ秀和さんは、トルコ、スイス、アメリカ、日本の四ヵ国で教育を受け、国際的な環境で育った。この経歴と日本人離れした容姿から、日本でもアメリカでも「英語がネイティブな人」とよく誤解されたという。

ところが、湯浅さんは両親の方針で日本語を母国語として育ち、高校まで日本語の学校に通った。トルコでは、小学校、中学校とイスタンブール日本人学校に通い、高校からはスイス公文学園高等部に通った。英語環境で教育を受けたのはアメリカの大学に進学したときが初めて。入学当初は英語の授業についていけず、引きこもりになりそうなほどつらい日々だったという。しかし、湯浅さんは、こうした逆境を地道な努力で乗り越えてきた。

父の仕事の関係で身近にMBA取得者が多か

ったという湯浅さんは、小学生のときから何となくＭＢＡには憧れていて、ずっと「ＭＢＡを取って社長になる」のが夢だったという。夢に近づくためアメリカの大学に進学し、経営大学院の受験準備をはじめた。ハーバードを本格的に目指したのは、このときだ。

早めにＧＭＡＴを受験しておこう。大学四年生のとき、卒業直前の二ヵ月間を利用して短期決戦で集中して勉強し、高得点を達成。その得点が有効なうちにハーバードを受験し、見事合格した。

ハーバードのエッセイには、ストイックに目標に向かって自分の人生を切り開いてきたことを書いた。

「僕は目標を達成するためなら『何でもやってみる』タイプです。ハーバードに合格するためにも、自分ができることはすべてやりました。時には熱心すぎて『ウザい』と思われることがあるかもしれませんが、熱心さがネガティブな結果になったことはありません」

湯浅さんがハーバードに伝えた、「何でもやってみる人生」の心意気とは？

◉課題エッセイの設問（二〇一一年受験者）

1　あなたがこれまでに達成したことを三つ教えてください（六〇〇語）
2　あなたが直面した挫折を三つ教えてください（六〇〇語）
3　なぜＭＢＡを取得したいのですか（四〇〇語）

4　私たち（入学審査委員会）に聞いてほしい質問は何ですか。そしてその質問について答えてください（四〇〇語）

大学時代に起業し、年商千五百万円を達成する

湯浅さんは、大学時代の経験から二つ、コンサルティング会社での経験から一つのエピソードを「達成したこと」として書いた。

①大学時代、輸入ビジネスの会社を日本で起業したこと
②大学時代、トライアスロンの大会で部門賞をとったこと
③コンサルティング会社で、同僚たちが皆、苦手としていたクライアントと積極的にコミュニケーションをとり、良好な関係を築くことに成功したこと

中でも特筆すべきは、一番目の起業体験だ。アメリカでは、学生時代に起業を志す人が多いが、実際に起業する人は意外に少ないのだという。ハーバードを受験する上で、この体験が貴重なリーダーシップ経験として大きなプラスに働いたことは間違いない。

二〇〇四年からオハイオ州立大学でマーケティングや会計学など経営全般について学んでいた湯浅さんは、「学んだ知識を実践してみたい」と起業ビジネスの種を探していた。

もともとファッションが好きだった湯浅さんは、当時、アメリカで大流行していたカジュアル系ファッションブランド「アバクロンビー&フィッチ」の洋服を愛用していた。まだ日本に店舗がなく、日本のファンはアメリカから並行輸入して購入していた時代だった。

アバクロの洋服を輸入する会社を日本でつくろうか。そう思って市場調査をしたところ、アバクロ人気で日本にはすでに多くの輸入業者が乱立し、市場は飽和状態。ここにビジネスチャンスはないなとあきらめかけていたところ、ふとアバクロの高級ライン「ルールナンバー925」のことを思い出した。湯浅さんもよく着ていたブランドで、当時まだアメリカにも数店舗しかなかった。

日本の人は、このブランドをまだ知らないのでは？

調べてみると、「ルールナンバー925」を取り扱っている業者はまだない。そこで湯浅さんは、このブランドにしぼって日本に輸出してみることにした。日本側のオペレーションは友人が手伝ってくれることになった。元手十万円で小さなオンラインショップをはじめたところ、あっという間に商品は完売。年商は千五百万円ほどになった。

「卒業後、コンサルティング会社に就職したのを機に会社は清算しましたが、少額の元手でビジネスを立ち上げ、軌道にのせた経験は、学生時代に達成したことの中でも最も価値ある実績だったと思います」

ハーバードに入学する人たちの中でも、いわゆる「起業ごっこ」ではなく、実際に起業してビジネスをまわした経験を持つ人は、少数派だ。日本人であればなおさらだ。

ハーバードは学生の起業家精神を特に歓迎しており、起業体験は自分の独自性とリーダーシップ力をアピールする上でも役に立つのは間違いない。

二年間特訓を重ね、トライアスロン大会で完走する

ハーバードのエッセイは、単語数以外は制限がなく（注・現在は単語数制限もない）、内容は何を書いてもいい。家族のことや幼少期の経験を書いたほうが、自分という人間を理解してもらえると思ったら、きわめてプライベートなことを打ち明けてもかまわない。

今の壮健な姿からは想像もできないが、湯浅さんは生まれつき心臓に小さな欠陥をかかえ、人よりも体が弱かった。アメリカの大学に進学して、ハーバードを目指していた湯浅さんは、何とかしてこの長年の弱点を克服しようと思った。専門医にアドバイスを求めたところ、「運動によって心臓を鍛えると、成長に応じて治っていくこともある」と言われたという。

「生まれつきだからと言われてずっと悔しかったのです。医師に運動していいと言われたので、それならば徹底的にやってみようと思いました」

努力して自分の体を変えよう。湯浅さんがはじめたのは、何とトライアスロン！　水泳、自転車ロードレース、マラソンの三種目を、この順番で連続して行う耐久競技だ。

どうせはじめるなら大会出場を目指そうと、湯浅さんは二年後にオハイオで開催されるトラ

イアスロン大会で完走することを目標に、トレーニングをはじめた。

通常、自転車ロードレースでプロが使用する自転車は、ロードレーサーと呼ばれ、三十万円もする高価なもの。学生の湯浅さんにもちろんそんなお金はないので、安いマウンテンバイクをレンタルショップで借りて練習することにした。

平日は一～二時間、週末は六時間もトレーニング。来る日も来る日も水泳、自転車、マラソンの三種目を黙々と練習した。これを二年間、続けたというのだから驚きだ。

「僕は、ゴールを決めて、それに向かってストイックに努力するのは得意なのです。トレーニング中は大会で完走することしか考えていなかったですね」

そしてとうとう二〇〇八年五月四日、オハイオ州トライアスロン大会に参加する。この日は大学の卒業式でもあったが、朝早く大会に参加して、そのまま卒業式に参列することにした。とにかく完走したい。湯浅さんは順調に水泳を終えたが、自転車で大きく遅れをとってしまった。やはりボロボロのマウンテンバイクでは限界があったか！　おばちゃんレーサーにもビュンビュン抜かれてしまった。

しかしその後はマラソンで挽回し、結果は見事完走。初参加にして、完走者二百四十九名中、百七十七位という立派な成績だった。そこにうれしい知らせがやってきた。マウンテンバイクで参加した湯浅さんに「非ロードレーサー部門の部門賞」が贈られたのだ。

「二年間トレーニングを重ねて、体が丈夫になったのはもちろんですが、毎日、黙々と努力をすれば、大きな目標も達成できることを学びました。地道な努力が実を結ぶことを身をもって感じたとエッセイには書きました」

「日本に帰っていただいて結構」と言われた経験を成長につなげる

人生の挫折体験として、湯浅さんは次の三つのエピソードを書いた。

①オハイオ州立大学入学後、英語が十分に話せなかったため友達もできず、授業でも発言できず、一学期間、引きこもりのような日々を過ごしたこと

②コンサルティング会社の東南アジアのプロジェクトで、クライアントの望む成果を出せず、クライアントを立腹させてしまったこと

③コンサルティング会社のプロジェクトで、取締役会に上程する資料の内容をめぐりクライアントと大きく対立してしまったこと

ハーバード入学前の四年間、湯浅さんは二つの会社でコンサルタントとして活躍したが、その中でも大きな挫折を体験したのは、東南アジアでのプロジェクトだ。それは、ある流通系のグローバル企業から「東南アジアのA国で店舗を拡大したい」と依頼を受けて始まったプロジェクトだった。

二〇〇九年に湯浅さんが東南アジアに短期駐在したときは、すでに戦略の大枠立案は終わっている段階で、その戦略に基づき詳細な実行計画を立てるのが、コンサルタントの任務だった。新人の湯浅さんの主な仕事はデータ分析だ。倉庫の在庫データをもとに、アイテムごと、曜日ごとなどに物流量を分析し、どこに流通の拠点を置き、どのぐらいのペースで、どんな店舗を増やしていったらいいかなどを具体的に提言することになっていた。

湯浅さんは毎日、分析作業に追われた。日々の在庫データは膨大にある。曜日ごと、アイテムごとだけではなく、なるべく多くの切り口で分析をして結果を報告するようにした。多いほうがクライアントのためにもなると思ったからだ。

さまざまな切り口で分析しようとすると、分析の種類が増えて、きりがない。当然、仕事は期限内に終わらなかった。

「このとき、A国に二ヵ月近くいたのですが、ホテル、クライアント企業のオフィス、倉庫しか行っていませんでしたね。とにかく、やみくもに多くの分析をやりとげようとしていたのを覚えています」

クライアント企業の担当者とは、二〜三日に一回、ミーティングがあった。

「今回は依頼通り、こういう分析を……」

湯浅さんらが結果をいくつか提示すると、担当者は不満をあらわにした。

「残念ですが、この程度の分析結果に、お金を払う価値はないと考えます。もう少し頭を使っていただけませんか」

ミーティングは毎回、こんな調子で、最後には担当者が「皆さん、日本に帰っていただいて結構です」と言い出す始末だった。

「場当たり的に、クライアントから指示されるままに仕事をこなしていたのが敗因でした。全員が『作業者』になっていたのです。何のためにこの分析をするのか、この分析はどんなアクションにつながるのか、ビッグピクチャーを持たずに、ひたすら作業をしてしまったのです」

こうした失敗からの学びをエッセイでは強調した。

このプロジェクトでは、若手コンサルタントの気力と体力が限界に達し、見かねた上司が湯浅さんらをプロジェクトからはずしてくれたという。入社してはじめて担当した大きなプロジェクトだっただけに、途中退場は湯浅さんにとっては大きな挫折だった。

しかし、この失敗が教訓になったことも確かだ。コンサルティングの仕事をするときは必ず目的から考えるようになったし、「作業者」になることもなくなった。その結果、数々の経営統合プロジェクトを成功させることができた。苦い体験だったが、コンサルティングの基礎的な思考法を身につけるのには、大きく役立った経験となった。

ハーバードに合格するためなら何でもやってみる

目標を達成するためなら、どんなストイックな努力も惜しまないというのは、ハーバードの合格者に共通して見られる特徴だが、湯浅さんほどハーバードに合格するために「できることは何でもやった」と言いきれる人は少ないだろう。通常の受験者は、受験中にハーバードのキャンパスを一回訪れる程度だが、湯浅さんは、大学三年生のとき、四年生のとき、そして社会人として同校を受験しているとき、合計三回も訪れた。その体験を「なぜハーバードのMBAを取得したいか」という三番目のエッセイに詳細に書いたという。

「やはりキャンパスに行くとやる気になりますし、ハーバードの雰囲気を自分の中に染み込ませたいと思いました」

三回目にハーバードを訪れたときは、特に気合が入っていた。この年にハーバードを受験しようと決めていたからだ。何とか入学審査官に顔を売ろうと考え、入学審査委員会の建物を訪問した。しかし残念ながら建物の中にすら入れず、断念。それならば授業を見学してみようと、通りがかった学生に頼み込んで、教室に入れてもらった。真剣勝負の議論を目の当たりにして、「絶対、ここに入学しよう」と決意したという。

次に見学した授業では、授業終了後、教授をつかまえてインタビュー。質問攻めにしてどんな学生が求められるのかを詳しく聞いてみた。カフェテリアでは、談笑している学生グループの中にぐいぐいと入っていき、「どうやったら合格できるか」をリサーチした。

二〇一二年冬に書類審査を通過し、上海での面接に招待されると、湯浅さんは、またもやできる限りの努力をはじめる。面接会場のホテルに入学審査官が宿泊していることを偶然知ると、翌朝、朝食レストランで待ち伏せしてみたのだ。審査官の女性があらわれると、思いきって話しかけた。さすがに「面接では何を質問するのですか」とは聞かなかったが、世間話をしながら、審査官がどういう人となりなのかを事前に確かめた。

面接会場でも、ぬかりはなかった。一時間以上前に到着し、面接を終えた人が出て来るのを待ち構えて、面接の雰囲気を根掘り葉掘り聞いた。

湯浅さんがここまで行動するには理由がある。アメリカの大学に四年間通った経験から、「アメリカは熱意を評価する国だ」ということを知ったからだ。

ここまでやったら、審査官に嫌がられるのでは。

学生に話しかけたら、迷惑かな。

教授は忙しいだろうから、質問をするのはやめておこう。

こうした日本人らしい美徳を重んじ、何も行動を起こさないより、アメリカでは行動を起こしたほうが圧倒的に「得」なのだ。エッセイでも面接でも、湯浅さんは人並みはずれて行動力があることを伝え、ハーバードに合格した。

湯浅さんの卒業後の目標は、ベンチャーキャピタリストとして日本から世界的なベンチャー企業を生み出すことだ。将来は日本とトルコを結ぶビジネスも立ち上げたいと考えている。この類《たぐい》稀なる行動力で、どんなビジネスを立ち上げてくれるのか、これからも注目していきたい。

合格者 5

水田早枝子
（みずた・さえこ）

1985年東京都生まれ。
５歳から10歳までニューヨークで育つ。
桐朋女子高等学校を経て、2007年東京大学経済学部卒業。
同年、外資系消費財メーカーに入社。
アシスタントファイナンスマネジャーとして、
企業買収後の経営統合プロジェクトやコスト戦略立案などに従事。
2013年ハーバード大学経営大学院入学。
2015年MBA取得予定。フルブライト奨学生。

二〇一三年入学の水田早枝子さんは、その圧倒的な英語力を武器にしてハーバードに合格した。その英語力は入学審査官も驚くほどで、ハーバードの同級生から「アメリカ人よりも英語がうまい」と言われることもあるほどだ。TOEFLなどの英語の試験は、もちろん満点だ。

人生のほとんどをアメリカで過ごしたのかと思いきや、アメリカに住んでいたのは、幼少時の五年間だけだ。ただし、母親の方針で、ニューヨークでも日本人がまわりにいない地域に居住し、小学校は国連国際学校（ＵＮＩＳ）に通ったため、五年間でネイティブと同じ英語力を修得することができたのだという。

国連国際学校で身につけたのは、地球レベルで物事を考える思考力だ。学校のミッションは世界平和と国際協力。「将来は世界の人たちの役に立つことをやりたい」と日本に帰国後もずっと思っていたという。

ハーバードを目指したのは、大学三年生のころだ。卒業生の岩瀬大輔氏の本を読んで、「絶対にハーバードに行きたい」と決意した。

大学時代は、NPOなどでボランティア活動を積極的に行っていたが、卒業後はビジネスの現場で学びたいと外資系消費財メーカーに就職した。働き始めて五年目ぐらいで、仕事をやりきったという気持ちもあり、留学準備を開始。先にフルブライト奨学金の選考に合格し、その後、最難関のハーバードとスタンフォードの両方の経営大学院に合格するという快挙を成し遂げた。

卒業後は「国際的な人材を育成する事業を立ち上げたい」という水田さん。日本語でも卓越したストーリーテリング力で、ハーバードに何を伝えたか、語ってくれた。

◉課題エッセイの設問（二〇一二年受験者）

1 「あなたがうまくできたと思うこと」について教えてください（四〇〇語）

2 「もう少しうまくやればよかったと思うこと」について教えてください（四〇〇語）

相手の立場になって考え、自分からコスト削減案を提案する

水田さんは、成功体験と挫折体験の両方とも、外資系消費財メーカーでリーダーシップをと

ったエピソードを書いた。二つで一つのストーリーになるように心がけたのだという。

一つめの成功体験として書いたのは、二〇一二年、コスト削減プロジェクトに取り組んだときの話だ。水田さんは、ある基礎化粧品ブランドの財務を担当していたが、各部門の部長とファイナンス部門との定期ミーティングで、年間の売上予測、利益予測がともに期首の目標を下回っていることがわかった。期末までは四ヵ月を切っているという状況だった。

「これから売上目標を達成するのは難しいが、利益目標だけは達成させよう」

事業部長の指示で、利益目標達成のために各部署ができる限りの努力をすることになった。利益目標を達成するには、コストを削らなくてはならない。水田さんらファイナンス部門は、いかに効率的にコストを削減できるか、各部門と話し合いを重ねながら、知恵をしぼることにした。

特に検討の余地があったのは、多額の費用が配分されているマーケティング費だった。マーケティング部門は売上実績で部門全体が評価されるため、担当者は広告宣伝費を削った結果、売上が減少するという事態はなるべく避けたいと思うだろう。だが、マーケティング費を削減しなければ、どうにもならない。

ファイナンス部門は全体ミーティングで、マーケティング部門にコスト削減への協力を申し出ることにした。しかし、責任者の水田さんの気は重かった。これまでも数回にわたって大規模なコスト削減を要請してきたが、そのたびにマーケティング部門のスタッフが疲弊し、フラストレーションをためていたのを知っていたからだ。

マーケティング費は、十人ほどいる担当者が、それぞれ持ち分のコストを数百種類の項目に分けて管理していた。数百項目もあるコストを一つひとつ洗い出し、余剰分を見つけていくのは大変な作業だ。さらに、マーケティングマネジャーにとっては各担当者がフェアだと思う削減の方法を考えるのも骨が折れることだった。

しかし意を決して、水田さんは発言した。

「コストカットのために、残余予算の洗い出しと、削減項目の提案に協力していただけないでしょうか」

マーケティング費を統括していたマネジャーは、着任したばかりの敏腕の女性だった。他部署でのマネジメント経験をもとにこう答えた。

「この時期に、もうこれ以上部下の時間をコスト削減のために使いたくありません。水田さんが残余を計算して、全予算の五%を一律でカットしていただけませんか」

マネジャーは、製品ごとに削減額を変えるよりも、一律にしたほうが部下の時間を使わなくてすむし、フェアだと考えたのだ。

初回ミーティングの内容はお互い持ち帰って検討することになった。しかし、水田さんは、一律の削減では必要以上に売上が下がってしまう恐れがあると考えた。そこで細かいマーケティングコストデータを分析し、「削減の要請」ではなく「新たなコスト割り当て案」を作成した。

「マーケティング費用の全体が見えているのは私だけという状況だったので、『どの製品にどのタイミングでどれだけマーケティング費用をかければ最も効果的にリターンが得られるか』を分析しました。基礎化粧品は売上に季節性がありますし、競合が投資する時期に投資を削ると期末に向けての売上は大幅に下がってしまいます。その一方で、季節のプロモーションを優先するあまりブランドそのものへの基本的な投資を何ヵ月も怠ると、ブランド力が落ちてしまうことがあるのです」

マネジャーが判断しやすいよう、水田さんは予算全体を「見える化」して、各費用項目を削減することのリスクと利点の両方を示した。その上でどの項目をカットして、どの項目に再投資するのがベストかを提案した。全体を示すことで、不公平感を緩和する作戦だった。マネジャーは、その精緻《せいち》な分析に納得した様子だった。

マーケティング費の担当者たちとの交渉で特に努力したのが、相手の心に訴えかけることだ。

「今、この部分を削減していただければ、来年の予算でうまく調整できると思います。一緒に数字を達成しましょう。目標を達成できないなんて、悔しいじゃないですか！」

最終的にマネジャーは、水田さんの提案を了承した。その結果、売上も利益も当初の目標より高い数字を達成できた。

「部門長からは、『よくこの時期に短期間で頑張ってくれた』と言われました。優秀な人が多いグローバル企業でしたから、ロジック重視かと思いきや、ロジックだけでは人は動かないことを学びました。そこでなるべく謙虚に、しつこいぐらいに丁寧に関係者に説明して、同じ目標に向かって走っていただけるよう、巻き込んでいきました」

水田さんによれば、ハーバードは、こうした皆が賛成していない逆境を乗り越えて、一つの目標に導いた人をリーダーとして高く評価するのだという。

「会社全体から見たら小さな成功ですが、私の中では、グローバル企業の中で自分がリーダーシップをとって変革を起こした経験は、とても大きな実績だったと思っています」

「優等生」から脱却できずに失敗した自分を抱きしめる

「失敗のほうが、エピソードがどんどん出てきて書きやすかったですね。『どれだけ失敗ばかりしてきたんだ』というほど、失敗の話には事欠きませんでした」

学生時代から成績優秀な水田さんは、いわゆる「優等生」。社会人になってから、優等生であることが、かえって弱点となり、失敗をしてしまったことがあった。

水田さんが外資系消費財メーカーに入社したのは二〇〇七年。社内では数年前に買収した生活用品メーカーとの経営統合が進んでいた。

二社は企業文化も違えば、コストの使い方も違う。新人で財務部門に配属された水田さんは、外国人の上司とともに、買収した会社のコストの見直しにとりかかることになった。外国人上司は生活用品メーカー出身だったが、さらにその上司は水田さんと同じ消費財メーカーの出身だった。

「こんな大きな仕事を最初からまかせてもらってうれしい」

入社したばかりで、やる気にあふれていた水田さんの心は躍った。

通常、企業を買収するとシナジー効果が生まれ、買収する側、される側、双方にとってメリットがあるとされる。特にこの買収では、コストの削減効果が大きく期待されていた。しかし、いざ統合してみると、かえってコストが上がっている。しかも、生活用品メーカーの財務は仕組みが違っていて、どこにどれだけ使われているのか、コストの細目がよく見えない状況だった。

水田さんは、両社の出身者で構成される統合推進チームに呼びかけた。

「コスト削減チームをつくりませんか」

「どうやったらコストを削減できるか、一緒に考えませんか」

ところが、両社の社員間の溝はなかなか埋まらなかった。

とにかく情報を収集しようと、水田さんは生活用品メーカー出身者への聞き取り調査を続けた。その結果、この会社の社員は、完璧なロジスティクスで最高品質のものを届けることに誇りを持っていることがわかった。それは、消費者ニーズから発想し、スペックとコストのバランスをとる水田さんの会社の価値観とは、少し違ったものだった。

「完璧を目指しているのですから当然コストもかかります。正確なコストの予測値もないうちに、こちら側がコストカットを実施することには抵抗感があります」

生活用品メーカーの担当者は答えた。

なるほど。それも一理あるな。

水田さんは相手の価値観に妙に納得し、二社の価値観の間で板挟みとなってしまった。何とかして両社がともに納得する折衷案をまとめたい。関係者の言い分を聞く日々が続いた。

このコスト削減案をつくるという仕事に加え、水田さんにはもう一つ、大事な仕事があった。それは統合後のコストの予測値を立てることだ。ところがこちらも難航。二社のシステムからデータをかきあつめて予測しようとしたが、データの解釈や計算式を間違え、指摘されるたびに数字を変更することが続いた。

「あっ、その前提は違うかもしれません」

「すみません、その数字は間違えたかもしれません」

とうとう部門を統括するＣＦＯ（最高財務責任者）が激怒した。

「数字をきれいにしてから持ってきてくれるかな。話している間に数字が変わるんじゃ、意思決定ができない。この数字一つで、倉庫のルートが変わったり、人の配置が変わったりするんだ。君はその重要性がわかっているのか？」

水田さんにまかせきりだった上司もバツが悪そうにしている。ファイナンス部門では、すでにこの人の出す数字は信頼できないという雰囲気が広がっていた。その後、何度かやり直し、ＣＦＯの承認をもらったが、当初の締め切り日よりも大幅に遅れ、多くの関係者に迷惑をかけた。

「結局、予測値がはっきりした時点では、石油価格の上昇などによって取り返しがつかないほどコストが上がってしまっていました。全員にいい顔をしたまま、はっきりとした判断が下せなかった結果、関わっていた人全員が望ましくないと思う状況を招いてしまったのです」

この年の水田さんの人事評価はとても厳しいものとなった。優等生だった水田さんにとっては、大きな挫折だった。

「それまで、自分が努力して、ときには徹夜して頑張って、報われなかったことはなかったのです。自分の価値観を見直す転機となりました」

ハーバードには、この体験を学びとともに書いた。

「結果に対して責任を持つということ、相手に共感するだけでは何もはじまらないということを学びました。私には学生のとき、当事者の話を聞き、うまく調整して、リーダーとして成功した体験がありました。その成功体験と『いい子でいたい』という優等生としての呪縛《じゅばく》。この二つに縛られて、社会人として失敗してしまったのだと思います」

このケースで、新人の水田さんはどうするべきだったのか。水田さんは、次の二つを反省点として挙げる。

・できないなら早めに「できません」と言って周りの人に助けを求め、上司を含め、あらゆる人や手段を使い倒してでも、目標を達成するべきだった

・生活用品メーカーの価値観に対しては敬意を示しつつも、新しい経営方針に従うべきであることを毅然として伝え、説得に努めるべきだった

「頑張っていたら誰かが助けてくれるという考え方が根本的に甘かったですね。誰もが傷つかない折衷案というのは、企業戦略の大敵であることを痛感しました」

この話には後日談がある。厳しい評価をつけたCFOが水田さんを直属の部下にして、自ら指南役となることを買って出てくれたのだ。

「もう一度出直そう」

CFOは、コストを割り当てるときの優先順位のつけかた、予測値を立てるときの前提条件の設定方法などを自ら細かく指導してくれた。そして、それが後の水田さんの成功につながったのだ。

あのとき、失敗してよかった……。

水田さんはしみじみと語った。ハーバードが求めるのは、水田さんのように「優等生」から

脱皮して一歩成長したリーダーなのだろう。

フィギュアスケート選手のようにプレゼンする

コロンビア大学の面接官をしていると、ごく稀に語学の天才に出会うことがある。日本語と英語を完璧に話し、かつもう一言語話せるといったような。

水田さんもまさにそのタイプだ。インタビュー中に繰り出される英語と日本語は、両方ともネイティブだった。ハーバードの面接でも、類稀なるプレゼン力で、入学審査官を圧倒したに違いない。

「アメリカの大学の試験は、フィギュアスケートの選手のように自分のストーリーを『踊りきった者勝ち』だと思うんですよ。入学審査官の目を見て、『私、すごいでしょ！』と笑顔で言い、『こんなに複雑で困難な状況だったのに、逆境を乗り越え、リーダーとしての力を磨いてきたんです！』と堂々とプレゼンする。それができるかどうかだと思うのです」

水田さんは、面接では日本のコミュニケーションスタイルにとらわれて、過度に謙遜したり、卑屈になったり、硬い表情になったりすることは、避けるべきだと付け加える。自分の言いたいことを言えるように話をもっていくのも大切だという。

水田さんは面接で、「外資系消費財メーカー出身の日本人女性」という点を最大限にアピールした。

ハーバードのクラスには消費財メーカー出身者は一クラス九十人中、数人程度しかいない。中でも女性は貴重な存在だ。さらに水田さんは日本が「消費財のイノベーションセンター」であることを伝え、外資系消費財メーカーの日本支社で働いた知識がクラスディスカッションに貢献することを強調した。化粧品など消費財の世界では、日本でヒットした商品がアジア諸国のハイエンドな顧客へ広がっていく傾向があり、日本の消費財は時代の最先端を走っているのだという。

「経験や学びをクラスメートに伝えられるかを見るのが面接の目的ですから、自分が当たり前と思っているようなことも、わかりやすく入学審査官に説明しました」

水田さんがハーバードに伝えたことで、筆者が最も驚いたのが、卒業後の目標だ。通常は卒業後に何をやりたいかという質問に対しては、今やっていることの延長線上で、実現可能なことを現実的に伝える。消費財メーカーの財務経験者であれば、このメーカーに復職する、あるいはコンサルティング会社や金融機関に転職するなどが、説得力のある卒業後の進路だ。

ところが、水田さんは、「NPOを設立し、日本で『若者が情熱を傾けられる』仕事を増やしたい」と伝えたのだという。ハーバードに限らず、スタンフォードの受験でも、フルブライト奨学金の試験を受けたときも、同じように伝えた。

大学時代にNPOでボランティア活動をしていたとはいえ、この答えは少し間違えば「現実的でない進路を考えている人」と判断されて、不合格となってしまうリスクさえある。したがって、起業する、NPOを設立するといった目標は、安易に掲げないほうがいいと言われている。仮にこうした大きな目標を伝えるとしても、それ相応の実績とロジックが必要だ。

水田さんの場合は、もちろん納得のいくロジックを用意していたのかもしれないが、それ以上に、英語でのプレゼン力を見て、入学審査官に「この人なら一から何かやってくれそうだ」と思われたに違いない。

「もしお金やリソースが無限にあったら何をやりたいだろうと考えてみたら、『自分が国際的な人材となる過程で、幼少期に苦労した問題を解決する仕事をしたい』と思ったのです。夏のインターンシップで日本のNPOの人材育成関連プロジェクトで働きましたが、こんなにやりがいのある仕事はないと思いました」

自分の夢を説得力のある形でプレゼンする能力は、天性のものなのか、後天的に身につけたものなのか。

「中学、高校と演劇部で、自分を客観的に見る訓練を積んでいたことと、面接の前に鏡の前で練習したのがよかったのかもしれませんね」

水田さんが面接の達人であることは、ハーバードとスタンフォードとフルブライトを制したという結果が如実に物語っている。

第三章

社費留学生の履歴書

ハーバード大学経営大学院に合格した日本人は、エッセイや面接で、自分の経験、生き方、価値観を通じて、リーダーとしての潜在能力について、何をどのように伝えたのか。第二章では私費留学生五名についてお伝えしたが、第三章では、次の四名の社費留学生について詳述する。全員、日本の一流企業の厳しい社内選考に合格し、かつハーバードにも合格した精鋭だ。

・中澤佳寛さん（二〇一二年入学・大和証券）
・向江一将さん（二〇一二年入学・三井物産）
・山本理絵さん（二〇一二年入学・日立製作所）
・芳賀亮太さん（二〇一三年入学・三菱商事）

（入学年度順、五十音順）

彼らの日本企業でのリーダーシップ経験は、年功序列を重んじる組織の中でも、若手がリーダーシップをとって会社に付加価値を与えられることを物語っている。日本企業でどんなことをやれば「グローバル人材」として評価されるのかを教えてくれるお手本でもある。日本企業でのリーダーシップの事例集として参考になれば幸いだ。

合格者 6

中澤佳寛
(なかざわ・よしひろ)

1981年兵庫県生まれ。
6歳から18歳までアメリカ・ケンタッキー州で育つ。
テイツ・クリーク高等学校を経て、2005年慶應義塾大学法学部卒業。
同年、大和証券SMBC株式会社（現・大和証券）入社。
デット・キャピタルマーケット部にて、
国際金融公社が発行する「マイクロファイナンス・ボンド」など、
日本初のスキームを活用したインパクト・インベストメント商品の
立ち上げなどに携わる。
2012年ハーバード大学経営大学院入学。2014年MBA取得予定。

日本人で兄弟そろってハーバード大学経営大学院に合格。そんなスーパー兄弟に出会うのは初めてだ。現在ハーバードに在学中の中澤佳寛さんは、中澤兄弟の弟にあたる。兄の知寛《ともひろ》さんは、二〇一三年にハーバードを卒業し、ニューヨークで日本企業の海外駐在員として活躍している。

中澤さんは小学校、中学校、高校とアメリカのケンタッキー州で教育を受け、大学進学を機に日本に帰国し、東京の大和証券に就職した。

通常、これだけアメリカ居住期間が長いと、アメリカで就職したり、外資系企業を選んだりする人が多い。ハーバードの面接でも、「なぜアメリカ育ちのあなたが外資系ではなく日系の金融機関を選んだのか」と質問されたそうだが、中澤さんは「若いうちから国際的、かつダイナミックな投資銀行の仕事をまかせてくれる会社で働きたい」と大和証券に就職した。

その希望通り、大和証券では、デット・キャピタルマーケット部（事業法人や公共法人、金融機関の債券発行を担う部署）で、一千億円規模の円建外債（サムライ債）の発行に貢献したり、新しい金融商品の開発に携わったりした。

ハーバードを志望したのは、兄や友人の影響だ。社費留学の試験に合格したとき、最初に目標として浮かんだのが、ハーバードだった。

「他の学校も見学しましたが、ハーバードだけは特別でした。どうしてもハーバードに行きたかった」

と話す中澤さん。金融機関出身者がハーバードに合格するのは、受験者数が多い分、競争率も高く、かえって難しいと言われている。どのように自分を差別化したのか。

中澤さんがエッセイや面接で強調したのは、大和証券が「日本初」で達成したことに自分が大きく貢献したことだった。

◉課題エッセイの設問（二〇一一年受験者）

1　あなたがこれまでに達成したことを三つ教えてください（六〇〇語）
2　あなたが直面した挫折を三つ教えてください（六〇〇語）
3　なぜMBAを取得したいのですか（四〇〇語）

4　私たち（入学審査委員会）に聞いてほしい質問は何ですか。そしてその質問について答えてください（四〇〇語）

二つの「日本初」プロジェクトの成功に貢献する

中澤さんは、「これまでに達成した三つのこと」を、すべて大和証券でリーダーシップを発揮した経験から書いた。

①国税庁や証券保管振替機構と議論を重ね、タイやインド企業が発行する円建外債をセカンダリーマーケットで購入する日本人投資家に対して、二重課税を解消し、外国税額控除を受けられるようにしたこと

②日本の債券市場にヨーロッパや北米からの新規発行体（発行体＝債券を発行する政府・金融機関など）を誘致し、一千億円規模のディールの獲得に貢献したこと

③国際金融公社による「マイクロファイナンス・ボンド」やアフリカ開発銀行による「アフリカ教育ボンド」等、日本初のスキームを活用したインパクト・インベストメント商品の開発に携わったこと

ここでは、二つめと三つめのエピソードを紹介する。この二つは、大和証券が「日本初」で

成し遂げたプロジェクトに中澤さんが貢献した話だからだ。

中澤さんは二〇〇八年三月、外国政府や金融機関が日本市場から資金調達をするために公募する円建外債を発行する部門に異動となる。海外の政府や企業に対して、債券による資金調達を提案するのが主な仕事だった。

ところが、当時は二〇〇七年のサブプライム住宅ローン危機の余波で世界的な信用不安が拡大していて、それまで円建外債を発行していたアジアの政府機関や金融機関の経営が悪化。新たな円建外債を発行するのは難しい状況だった。

中澤さんはあえて、この状況を逆手にとった。このタイミングだからこそ、日本から資金を調達したいと思っている発行体はアジア以外にもあるのではないか。投資家は信用力の高い商品を求めているはずだ。

ヨーロッパとカナダを担当していた中澤さんは、誰もが知る世界的な金融機関にアプローチしてみることを提案した。そこで、これまで一度も円建外債を発行したことのない世界的な金融機関にチーム全体で挑戦することになった。

「世界的な信用不安で、どの発行体も心理的な不安を抱えているのがわかりました。そこで、リスクヘッジの方法として、『日本市場で円建の資金調達を行わないか』と提案したのです。金利は日本国債や日系企業の社債よりもかなり高いので、投資家も今の金利水準なら買うはずです、と」

ところが、発行体側はそんな提案を受けるのは初めてだ。興味は持つものの最初は及び腰だった。海外のキャピタル・マーケッツ部門やシンジケート部などとも連携をとり、相手の不安を一つひとつ取り除いていった。そうした努力が実を結び、最終的には、イギリスのロイヤルバンク・オブ・スコットランド、オランダのラボバンク、カナダのロイヤル・バンク・オブ・カナダなどが一千億円規模の円建外債の発行に応じることになった。

「日本の債券市場に、新たな債券発行機関を誘致するのは、誰もが思いつきそうで、思いつかないことでした。あの混乱したタイミングだったからこそ、投資家のニーズと発行体のニーズを一から考えて、日本市場初の新たなスキームを提案できたのではないかと思っています」

もう一つの「日本初」は、インパクト・インベストメント商品の開発だ。

インパクト・インベストメントとは、経済的な利益を追求すると同時に、貧困や環境などの社会的な課題に対して解決を図る投資のこと。投資家は、債券を買うことによって、教育、貧困、地球温暖化など特定の分野の問題解決に貢献することができる。つまり、自分の興味がある分野に投資ができ、また投資がどのように役に立っているのかも知ることができる。

インパクト・インベストメントの商品開発は、複数の部門が参加する部門横断型のチームで行われていた。その開発チームに中澤さんも、デット・キャピタルマーケット部から参加することになった。リーダーは商品企画部の先輩。日本のインパクト・インベストメントの第一人者で、中澤さんもずっと尊敬していた人物だった。

中澤さんの仕事は、どういう発行体がどういう商品に興味を持ちそうか、についてのアイデアを出し、候補となった発行体に商品を提案することだった。早速、新興国に積極的に投資している国際機関をいくつか探し出し、訪問することにした。

発行体側が懸念していたのは、債券発行によって一括して調達した資金は、発行体そのものへの投資であり、投資先を特定できるものではない、ということだった。

たとえば、投資家が「国際金融公社のこういうプロジェクトに投資して、こういう貧しい人たちの役に立ちたい」と思って債券を買っても、そのお金が確実にそのプロジェクトに使われるかは保証できない。しかしそれではこの商品を世に出す意味がない。そこで投資家の懸念を払拭《ふっしょく》するために、中澤さんらは「口座を分ける」「同等額を充当するルールをつくる」など機関ごとにスキームまで提案することにした。

その結果、国際金融公社による「マイクロファイナンス・ボンド」やアフリカ開発銀行による「アフリカ教育ボンド」など新興国の人々を支援する商品が生まれ、こうしたインパクト・インベストメント型商品は、総額四千五百億円を超える売上（二〇一三年三月）を達成するまでに成長した。

「経済を活性化するには、お金が貯蓄から投資に向けられることが必要だと言われていますが、この商品では、『これまで投資したことはなかったけれど社会貢献できるなら』と考える新たな顧客層を開拓することができたと思います」

この二つの「日本初」を、中澤さんはエッセイで簡潔に記述し、その後、上海で行われた面接でも強調した。面接官に「金融機関出身の受験者はたくさんいる。その中で、あなたはどういうところが『特別』なの?」と聞かれたときに、金融業界の常識などにとらわれずに新しいことに挑戦し、チームで「日本初」を成し遂げたことを伝えたのだ。

こうした「日本初」「世界初」といった実績は、ハーバードを受験する際に、「変革をもたらした人」として評価され、大きな武器となるのである。

ディールの失敗を機に、コミュニケーションでリーダーシップを発揮する

中澤さんがハーバードに伝えた挫折体験は、次の三つだ。

①慶應義塾大学二年生のとき、バスケットボールサークルを友人と立ち上げたが、チームワークを高めることができず、創部した年は一勝もできなかったこと

②大和証券で金融機関に債券発行を提案したとき、他のチームメンバーの意見におされ、自分が納得できる金利水準で提案することができなかったこと。そしてその結果、ディールを獲得できなかったこと

③大和証券でメキシコのディールを担当していたとき、他社に負けてしまったこと

この中で最も学びが大きかったと中澤さんが語るのは、二〇一〇年に手がけたメキシコのディールだ。

大和証券は、二〇〇九年、メキシコ政府が千五百億円規模の円建外債を発行した際の主幹事をつとめていた。国際協力銀行（ＪＢＩＣ）がその元本全額及び利息の一部を保証する、私募形式の円建外債だった。

日本からの資金調達に成功したメキシコ政府が、二〇一〇年、再び債券を発行すると聞いたとき、当然、今回も大和証券が引受会社に指名されるだろうと信じて疑わなかった。中澤さんらは、いつもどおり金利条件などを記した提案書を作成し、メキシコ政府に提出した。その後投資家を紹介し、一緒にロードショー（各地での投資家説明会）にも参加した。

これで万全だ。誰もがそう思っていたという。

ところが、発表された引受会社の中に、大和証券の名前はなかった。かわりにあったのは、競合会社だった。

「その理由を探ってみたところ、競合会社は実にきめ細かくメキシコ政府とコミュニケーションをとっていました。相手が不安に思うところを、一つひとつ解消していったというのです。大和証券だから大丈夫だろう、これぐらいやっておけばいいだろう、というおごりが、我々のなかにあったのが敗因でした」

外国の金融機関が日本で円建の債券を発行するのは、とても大変なことだ。名だたる金融機関でさえ、実は「不安だらけ」なのだという。それゆえ発行体は、金利などの表面上の条件に加えて、発行する側のニーズにどのぐらい対応してくれるか、どんな小さなことにも対応してくれるのか、という点も重視して引受会社を選ぶのだという。

もうこんな失敗は繰り返さない！

中澤さんらはメキシコの案件での教訓を生かし、その後、発行体とのコミュニケーションをできる限り密にとるようにした。最初にそれを実行したのが、イギリスのロイズＴＳＢのディールだった。

「とにかくまめにカンファレンスコールをやりました。その中で、日本の弁護士を紹介したり、発行スケジュールの提案や発行プロセスの説明をしたりするなど、相手のニーズにすぐ対応するようにしました。このときは、特にロイズＴＳＢが日本で初めて円建外債を発行するというときでしたから、不安を消すように努めました」

ここで生きたのが、中澤さんの英語でのコミュニケーション力だった。日本側の関係者の中に英語で自由にコミュニケーションできる人があまりいなかったこともあり、中澤さんは自ら窓口役を買って出た。そこで二十代の自分なりに最大限のリーダーシップを発揮するよう心がけた。

ロイズＴＳＢは、二〇一〇年、大和証券を事務主幹事として、三百億円規模の円建外債を発行し、日本市場から資金を調達することに成功した。「大和証券なしでの円建外債発行は考えられない」と、次回のディールでも大和証券を主幹事として選定した。

ディールをとれるかとれないかの決め手になるのは、人間関係とコミュニケーション。金融といえども結局決めるのは人間。小さな努力が大きなディールを成功させるのだ。

「基本に戻って、相手の気持ちになって考えること。それをメキシコの失敗とロイズの成功で学んだと思います。ビジネスの世界で、前回依頼されたから今回も絶対大丈夫だ、ということはないのです」

ハーバードのエッセイには、この失敗体験について、自らの反省をこめて書いた。リーダーとしての謙虚さを重んじるハーバードが知りたかったエピソードである。

帰国子女のネットワークを刺激剤として生かす

四問目の「入学審査委員会に聞いてほしい質問」については、「人生で誰に最も影響を受けたか」という質問を挙げ、その答えをエッセイに書いた。

中澤さんが人生で最も影響を受けた人たちは、二〇〇〇年、河合塾の海外帰国生コースで出会った帰国子女の仲間だった。小学校から高校までアメリカの現地校に通った中澤さんは、大学受験のために日本に帰国したとき、カルチャーショックに陥ってしまった。

「カラオケは生まれてから一度も行ったことがなかったし、ケンタッキーには電車も走っていなかったので、電車にもほとんど乗ったことがありませんでした。渋谷に行けば、人は多いし、みんな外見が似ているし……。何だこれは、と。自分が日本人なので、余計にショックだったのかもしれません」

それを救ってくれたのは、同じように日本でカルチャーショックを体験した帰国子女の仲間だった。皆、海外生活が長く、中澤さんとすぐに打ち解けた。

この人たちは僕のことをわかってくれる。

中澤さんは、やっと日本で本当の友人をつくることができたと感じた。そして、その仲間は中澤さんに国際的な視野をもたらしてくれた。

「彼らに出会って、世界の問題に興味を持つようになったのです。タイ帰りの友人は、僕をわざわざタイに連れていってくれて、貧しい人たちが暮らすスラムを案内してくれました。そこで初めて、地球上の格差の問題を実感したのです。タイでは、日本企業の看板や街で売られている日本製品を目の当たりにして、日本人であることの価値もあらためて見直すきっかけになりました」

ヨーロッパ、中国、韓国、フィリピン、インドネシア、ベトナムと、中澤さんは彼らを通じて、アメリカ以外の国々に興味を持つようになる。後に、大和証券でヨーロッパやカナダの発行体を担当することになったのも、新興国を支援する「マイクロファイナンス・ボンド」などの開発に積極的に携わったのも、彼らに影響を受けたことが出発点だ。中澤さんはこうしたエピソードをエッセイに書いて、提出した。異文化体験はグローバルリーダーになる上で必須の要素だからだ。

現在、この帰国子女グループは世界中に散らばっていて、業種もさまざま。

「バルセロナ帰りの友人は俳優、ドイツ帰りの友人はタイとパリでヘアスタイリストをやっています。業種や国にとらわれずに、大学時代から自分のやりたいことを見つけて夢を追いかけている。彼らの生き方を見ていると、僕も挑戦しなきゃ、という気力がわいてくるのです」

ハーバード卒業後は、「日本で『何かでかいこと』をやりたい」と言う中澤さん。ハーバードの同級生からは「アメリカに残らないの?」とよく聞かれるが、まずは日本で働きたいと考えている。

「留学前は、新興国支援や金融市場で活躍するならアメリカにいたほうがいいのか、などと考えたこともありましたが、他のアメリカ人ができることをやっても付加価値は出せないのです。ハーバードで日本代表としてクラスで発言していると、日本人だからこそできることがたくさんあることに気づきます。今は、新興国を支援したりアメリカ市場を通じてスキルアップしたりするよりも、どちらかというと日本の発展のために自分ができることをやりたいという思いを強くしています」

合格者 7

向江一将
（むかえ・かずまさ）

1982年兵庫県生まれ。
7歳から12歳までアメリカ・ニューヨーク州で育つ。
渋谷教育学園幕張高等学校を経て、2006年一橋大学経済学部卒業。
同年、三井物産株式会社入社。
財務部にて新興国の大型案件のプロジェクトファイナンスを手がけた後、
経理部にて連結決算や社内会計アドバイザリーの仕事に従事。
2012年ハーバード大学経営大学院入学。2014年MBA取得予定。

三井物産からの会社派遣でハーバード大学経営大学院に留学している向江一将さんは、現在三十一歳。入学時の平均年齢が二十七歳というハーバードの学生の中では、年長のグループに属する。

「実は僕、海外留学の社内選考に二回も落ちてしまったんです。不退転の決意で三回目に挑戦し、三度目の正直で合格したのです」

ハーバードを目指したのは、入社四年目のときだ。三井物産ではハーバードの卒業生が数多く活躍しているが、そのうちの一人と一緒に海外出張に行ったとき、衝撃を受けた。彼は、これまで出会ったどの先輩よりも優秀だった。

「交渉力やビジネスの進め方に圧倒されました。自分に足りないものを痛感させられ、自分もこの先輩のようになりたいと素直に思ったのがきっかけですね」

入社四年目の二〇〇九年、初めて社内選考に応募したが、結果は不合格。翌年も挑戦したが、またも不合格だった。

しかし向江さんはあきらめなかった。

自分が将来やりたいことを達成するためにも、MBAの取得はどうしても必要だという信念があった。自分を奮い立たせるために読んだ本の中で、ローソンの新浪剛史会長が三菱商事の社費留学試験に二回も落ちたことが書いてあった。新浪さんは三度目の挑戦で社内試験に合格し、ハーバード大学経営大学院に留学した。

「自分も新浪さんと同じじゃないかと。もう一回、チャレンジしてみようと思いました」

二〇一一年、社内選考に三度目の挑戦をし、見事合格。ハーバードに社費留学することになった。

ハーバードのエッセイや面接で向江さんが伝えたのが、新興国ビジネスへの思いだ。

向江さんは大学時代、一年間休学してアジア大陸十三ヵ国を陸路で横断。旅の先々で目の当たりにしたのは途上国が抱える格差問題だった。タイのチェンマイでは、両親をエイズで亡くし、HIVに母子感染した孤児たちの生活施設でボランティア活動を行い、「理念は素晴らしくとも、お金がないと続かない」という現実に直面した。

日本の看板を背負って、ビジネスを立ち上げ、新興国に貢献したい。その思いとともに三井物産に入社した。三井物産では、新興国のプロジェクトファイナンスの仕事に従事。仕事のかたわら、若手社会人の勉強会団体「コンパスポイント」を仲間と共に立ち上げ、プロボノ活動の支援も行ってきた。
向江さんが二回にわたる社内選考での挫折を乗り越え、ハーバード合格を勝ち取った秘策を探る。

◉課題エッセイの設問（二〇一一年受験者）

1　あなたがこれまでに達成したことを三つ教えてください（六〇〇語）
2　あなたが直面した挫折を三つ教えてください（六〇〇語）
3　なぜMBAを取得したいのですか（四〇〇語）
4　私たち（入学審査委員会）に聞いてほしい質問は何ですか。そしてその質問について答えてください（四〇〇語）

戦術リーダーとしてラクロス部に変革をもたらす

「これまでに達成したこと」として、向江さんは三井物産、コンパスポイント、一橋大学男子ラクロス部でのリーダーシップ経験を一つずつ書いた。
①三井物産が中東のインフラストラクチャー事業を受注した際、中東系の銀行から、これまで

にない金額の資金調達に成功したこと
②若手社会人の勉強会団体コンパスポイントを仲間と立ち上げたこと
③一橋大学時代、戦術リーダーとして、男子ラクロス部を関東四強チームへと導いたこと

向江さんは二〇〇一年、一橋大学に入学後、体育会の男子ラクロス部に入部する。それまでラクロスをやったことはなかったが、「強いチームに所属してみたい」という気持ちから入部することにした。ラクロスというスポーツよりも、勝つ組織という点に興味を惹かれたのだという。

一橋大学男子ラクロス部は一九九〇年創部。向江さんが入部した当時、一部リーグには在籍していたが、準決勝に進出できない状況が続いていた。

向江さんが戦術リーダーとなったのは、三年生のときのことだ。その前年は日本体育大学、慶應義塾大学に敗れ、五年連続でブロック三位に終わっていた。

「立派な戦術はあるのですが、それが実践できていないという状況でした。一つひとつのプレーに、選手全員が共通した判断基準、行動基準を持てていないことが問題でした」

向江さんは、日本ラクロス協会の公認指導者資格を取得。戦術をチームで徹底的に共有し体現するために、次の三つを実践した。

・戦術ミーティングで戦術の手本となるビデオを繰り返し見せる
・練習中は、プレーヤー兼コーチの役割を担い、選手の体を引っ張りながら共に動き、その場その場での判断基準、行動基準を徹底的に選手に叩き込む
・戦術を体現できていない選手がいたら、笛を吹いてプレーを中断し、全員をその場でとめる。何が正しくて何が間違っているのか、チーム全体で共有した上でもう一度やり直す

さらに前年に招聘《しょうへい》したオーストラリア代表チームのコーチに戦術を相談したり、プロのフィジカルトレーナーと体力・筋力強化プログラムを策定したりするなど、専門家の力を借りてチームの強化を図った。

練習は週に五回、午前七時十五分から午後一時まで行う。午後の時間は、試合や練習で撮影したビデオの分析やミーティングやトレーニングにあてられた。向江さんは、この時期、すべてのエネルギーをラクロスに注いだ。その結果、チームはどんどん強くなり、二〇〇四年の第十七回関東学生ラクロスリーグ戦では関東四強入りを果たした。ラクロス部創部以来、初の快挙だった。

このエピソードをハーバードのエッセイに書いたのは、会社でリーダーが経営戦略を実行する過程に似ていると思ったからだ。

「僕は目標が明確にあると、目標達成に向けてリーダーシップを発揮するタイプです。新しい

練習方法を取り入れる中で、チームが少しずつ変化していくのがわかりましたし、戦術リーダーとして自信にもなりました。このラクロス部の変革は、二十代で達成したこととして、ハーバードに伝えたいと思いました」

勉強会団体存続の危機を問題解決力で乗り越える

向江さんは、挫折体験についても、三井物産、コンパスポイント、一橋大学男子ラクロス部での体験を一つずつ書いた。

①アフリカの金属資源事業への投資案件で、ある金融機関からの資金調達を最初からあきらめてしまったこと
②勉強会団体コンパスポイントで、参加者が集まらなくなってしまったこと
③ラクロスの関東代表チームのメンバーに選出されたが、足の速さ、体力、技術など、すべてにおいて平均点で、当初、チームに付加価値をもたらすことができなかったこと

三井物産に入社して二年目の二〇〇七年十二月、向江さんは小沼大地《こぬまだいち》さん（現・NPO法人クロスフィールズ代表理事）ほか一橋大学男子ラクロス部の同期とともに、若手社会人の勉強会団体コンパスポイントを立ち上げた。

コンパスポイントは、「情熱を持つすべての人が、さまざまな世界の人たちとつながりあいながら活躍できる世の中を実現すること」というヴィジョンのもと、社会起業家を招いた勉強会を主催したり、若手社会人によるプロボノプロジェクトを支援したりする活動を行っている。向江さんを含む創立者四名は、所属会社は別々だったが、同じ一軒家に同居し、仕事以外の時間をコンパスポイントの活動につぎこんだ。もちろん無償でのボランティア活動だ。

初年度の二〇〇八年は、月に一回の頻度でゲストスピーカーを招き勉強会を開催。勉強会に参加するメンバーも四十人ほどになり、コンパスポイントは拡大を続けた。

ところが、二〇〇九年になると、勉強会を開催しても人が集まらなくなってきた。あまりに参加者が少ないと、ゲストスピーカーからの信頼を失いかねない。向江さんらは、そのうち、勉強会を開催するだけでなく、集客まですることになった。

「俺たち、何のために、こんなに頑張って集客しているんだろう」

東京・不動前駅近くのジョナサンで、ある朝、創立者メンバーの一人がぽつりと言った。

「俺たちの役割、終わったのかな」

「どうする？　もうやめるか？」

コンパスポイントの創立以来、初めての危機だった。悲観的な意見も出る中、向江さんは、なぜ勉強会に人が来なくなったのか、調査することを提案した。飲み会を開催したり、アンケートに回答してもらったりして調査する中でわかってきたことがあった。それは、参加者が座学で学ぶだけではなく、何か行動を起こしたがっているということだ。

「勉強会だけでは物足りない」

「勉強会も最初は新鮮だったが、何回も出席していると同じような内容に思えてきて、もういいかなと思った」

「何か形になることをやりたい」

こうしたフィードバックを受けて、向江さんたちは、何か具体的なプロジェクトをやろうと考えた。そこで、NPO法人「TABLE FOR TWO International」（TFT）の小暮真久《こぐれまさひさ》代表理事をゲストスピーカーとして招聘したとき、TFTでどんなプロジェクトができるか、アイデアを募集することにした。

TFTは、日本を含む先進国で、特定の低カロリー食を購入すると、一食につき二十円が開発途上国の子どもの学校給食に寄付されるプログラムを提供している。先進国での肥満防止と開発途上国支援の両方を目的としたプログラムだ。

TFTとコラボレーションして何ができるか。勉強会の参加者の数人が、お弁当箱をつくって売り出すことを提案した。過食を防ぐお弁当は、肥満防止にもつながる。TFTの理念ともマッチする提案は正式に採用されることになった。二〇一〇年三月、コンパスポイントから生まれたお弁当箱は、渋谷の東急ハンズなどで売り出され、数日で完売した。もちろんお弁当箱一つにつき二十円が開発途上国に寄付された。

お弁当箱プロジェクトが成功すると、コンパスポイントに再び人が集まってきた。二〇一四年現在、コンパスポイントには三百五十名のメンバーが在籍する。志高い若手社会人が集まるコミュニティとして、今後もさまざまなプロジェクトを展開していく予定だ。

「勉強会からプロジェクトへと、参加者から求められるものが変わっていくのを目の当たりにし、組織のミッションは変わらなくても、組織を進化させていくことが必要だと思いました。それと、自分たち創立者がワクワクすることをやり続けることで、人がついてくることも学びましたね」

実際に、会社、NPOなどの組織を立ち上げた経験を持つ人は貴重だ。ゼロから一を生み出せる人は、社会に付加価値をもたらせる人であり、世界を変えられる人だからだ。

「社内官僚」になっていた自分を猛省する

向江さんは、三井物産でいくつかの挫折や失敗を経験したが、その中であえてハーバードのエッセイに書いたのは、二〇〇六年にアフリカの金属資源事業のプロジェクトファイナンスを担当したときの経験だ。

入社一年目で、ちょうど仕事に慣れてきたころのことだ。財務部で、各事業本部の投資案件に対して資金を調達する仕事をしていた向江さんに、アフリカの金属資源事業の営業担当者から、「B銀行に融資をお願いしたいので事前合意書（Letter of Intent）をとってきてほしい」という要望があった。事前合意書は、営業部が案件を進める上で、不可欠なものだった。

向江さんは、早速B銀行の融資方針や過去の案件を確認してみたが、同じような前例もなく、この事業に融資をしてもらうのは難しそうだった。営業担当者のところに出向き、事情を説明した。

「融資は無理ですね。B銀行の融資方針や過去実績と照らし合わせても難しいと思います」

すると、担当者は厳しい口調でこう言った。

「無理ってどういうことだ？　きちんと銀行に確認したのか？」

「いえ。ただ、過去案件や融資方針を見ると……」

「できない理由を考えるのではなく、できる方法を考えるのが、君の仕事だろう！」

すぐさま上司に相談し、営業担当者とともに銀行を訪問することになった。向江さんらは、B銀行の融資方針を理解した上で、このプロジェクト案件が、いかに投資価値のある事業であるかを説明した。すると、B銀行側は、融資を検討してくれることになったのだ。実はこの銀行では、過去に融資した前例がなくても、企業のニーズと目的に応じて柔軟に融資を検討することになっていた。三井物産チームは結果的に、B銀行から事前合意書を取り付けることに成功した。

数ある失敗の中でも、この経験をあえてハーバードに伝えたのは、自分がいつの間にか、「社内官僚」のようになっていたことに気づいたからだ。

「『過去の実績と照らし合わせて、ないからできません』ではなく、『どうやったら融資が可能になるか、必死に考えて行動する』べきだったのです。知らず知らずのうちに、官僚のような対応をするようになっていることに気づき、猛省しました」

この失敗を教訓に、向江さんは「できる方法を考えて行動する」ことを心がけて仕事をするようにした。この学びが生きたのが、その数年後、三井物産が中東地域のインフラ事業を受注したときの資金調達だ。

向江さんが所属する財務部は、多額の資金を短期間で調達する必要があったが、リーマンショックの後で、これまで取引のあった欧米の外資系金融機関から融資を引き出すのが難しい状況だった。向江さんは、「できない理由を考えるのではなく、できる方法を考えるのが、君の仕事」という言葉を思い出し、不可能を可能にする方法を考えた。すると、まったく別の案件で取引があった中東系のX銀行のことを思い出した。

「この銀行にあたってみませんか」

時間が迫っていたため、すぐさまシンガポールに飛んだ。三井物産のチームは、X銀行と融資条件を交渉。X銀行は融資スキームにも同意し、思いのほかスムーズに融資が決定した。

「従来ほとんど接点のなかった中東系金融機関と直接接触したことで、新たな道が開けたのだと思います」

向江さんは、このエピソードを「達成したこと」の一つとして書いた。財務部の一員としての仕事だったが、自分がリーダーシップをとり、現状打破に貢献したと誇りを持てる経験だったからだ。

最貧困層の人たちのためにビジネスを創る

向江さんがハーバードを志望した理由は、ビジネスを推進する上で、リーダーシップとジェネラルマネジメントのスキルを身につけたいと強く思ったからだ。

大学時代、アジア大陸を上海からカイロまで陸路で横断したときに見たのは、新興国の貧困、格差、不公正、不条理だった。同時に、新興国の発展に尽力する多くの日本人に出会い、日本製品を愛する現地の人たちにも出会った。世界が抱える問題を、日本の技術力やサービス力を活用して、ビジネスを通じて解決したいと思う気持ちは、ずっと持ち続けているし、それが向江さんの活動の原動力となっている。

ハーバードに提出したエッセイでは、卒業後に三井物産で最貧困層を対象とするビジネスを専門に推進する部署を立ち上げ、そのリーダーとなりたいと書いた。三井物産でもインドネシアでバイクを担保としたマイクロファイナンス事業をはじめているが、まだこの分野のビジネスは発展途上だ。

上海で行われた面接でも、新興国での経験を熱く話した。

「新興国ビジネスをやりたい、やってきましたという人が、山ほどハーバードを受けています。その中で、あなたがハーバードに合格するべき理由は？」

「僕は大学を休学して、一年間、新興国の現状を自分の目で実際に見てきました。十三ヵ国で、地元の人と暮らしながら、ボランティア活動もやりました」

スマトラ島沖地震の被害を受けたピピ島では、がれきを撤去する作業を無償で行い、シリアでは青年海外協力隊の活動に参加し、公衆衛生向上のプロジェクトにも従事した。

すると面接官は、この話にいたく感銘を受けた。

「こんな特別な体験、なぜもっと詳しくエッセイに書かなかったの？」

エッセイの各所で触れたつもりだったが、限られた語数だったので、詳細が伝わっていなかったらしい。

「大学時代に休学して新興国を旅したことは、あくまで僕の中ではスタートラインで、『人生で達成したこと』ではありません。これは総合商社に就職し、プロボノ活動をはじめ、ハーバードを受験した僕の原体験なのです」

上海での面接は、商社で働くことの意味など厳しい質問が続き、終わった瞬間、「落ちた」と思ったという。ところが結果は合格だった。

「大学の同級生が皆、就職活動をする中で、『就職を一年遅らせてでも、アジアの国々を自分の目で見てまわる』というように、自分でイニシアティブをとって、人生を切り開いてきたところが評価されたのかもしれません。自分の人生のヴィジョンを達成するために、こういう活動を行ってきた、という点は強調しましたね」
あなたは自分の人生のリーダーシップをとってきたか？
それをとことんまでつきつめられるのが、ハーバードのエッセイであり、面接なのだ。

合格者 8

山本理絵

（やまもと・りえ）

1983年熊本県生まれ。
10歳から18歳までイギリスで育つ。
立教英国学院を経て、2007年上智大学外国語学部英語学科卒業。
同年、株式会社日立製作所入社。
国際情報通信統括本部営業本部ITプラットフォーム営業部にて、
主に大手グローバル企業を顧客に、サーバーの営業に従事。
2012年ハーバード大学経営大学院入学。2014年MBA取得予定。

日立製作所からの派遣でハーバード大学経営大学院に留学している山本理絵さんは、唯一の製造業出身の日本人留学生。同社の留学生派遣の歴史の中でも、ハーバード合格者は数十年ぶりという快挙だ。

ハーバードの授業では、日本の製造業のケーススタディーが多く取り上げられるが、実は製造業出身の日本人留学生はきわめて少ない。日本のメーカーから派遣される留学生数が全体的に減っていることもある。

「私は、他のハーバードの人たちのように、いわゆる秀才という部類の人間じゃないと思います。製造業出身の日本人女性はハーバード受験者の中でも珍しく、たまたま差別化できたのではないでしょうか」

と山本さんは謙遜するが、重工業・製造業出身者はハーバードの入学者の中でもたったの七

％（二〇一二年入学者）。やはり他の人にはない何かが秀でていたに違いない。

山本さんがエッセイや面接で伝えたのは、学生時代の豊富な海外経験と日立製作所でのリーダーシップ経験だった。

『日本人としての自分』の姿を、誇りを持って伝えようと思いました。日本で働いていると実感がないですが、日本って民度は高いし、ＧＤＰは世界三位だし、すごい国なんですよ。その『すごい国から来てるんだぞ』という自信を胸に、ハーバードの授業でも発言するようにしています」

日立製作所に入社したのも、幼少期に感じた日本人としての誇りからだった。

「ロンドンの電器屋さんに日本のメーカーのものがたくさん売られていて、それを外国の人たちが買っていくのを見ると何だかうれしくて。その気持ちが原体験となって、日立に就職しました」

ハーバードを受験したのは、東日本大震災がきっかけだ。

「自然災害に負けないインフラを世界に構築したい」。卒業後の目標をこう掲げた。

山本さんが書いたエッセイは、「日本人としての自分」を強く意識したエピソードにあふれていた。

◉課題エッセイの設問（二〇一一年受験者）

1　あなたがこれまでに達成したことを三つ教えてください（六〇〇語）
2　あなたが直面した挫折を三つ教えてください（六〇〇語）
3　なぜMBAを取得したいのですか（四〇〇語）
4　私たち（入学審査委員会）に聞いてほしい質問は何ですか。そしてその質問について答えてください（四〇〇語）

日本の製造業の仕組みを丁寧に説明する

山本さんのエピソードで印象的なのは、すべて日本でのリーダーシップ経験を書いていることだ。

①上智大学ラグビー部のマネージャーとして、ラグビー部の関東大学ラグビー対抗戦Bグループ決勝戦進出に貢献したこと
②日立製作所の営業担当として、アメリカのアライアンスパートナー企業の担当者と、ITプラットフォーム事業本部神奈川事業所のエンジニアの方々との間に立ち、両者のコミュニケーションを改善して、パフォーマンスを高めたこと
③日立製作所とアメリカのアライアンスパートナー企業が契約を締結した際、サンフランシスコの弁護士と連携をとりながら、お互いにとってウィンウィンとなる契約内容を提案すること

がてきたこと

日本の代表的なグローバル企業といえば、何と言ってもメーカーだ。「フォーチュン・グローバル500」（世界の売上高トップ企業五〇〇）には、トヨタ自動車、日立製作所、パナソニック、ソニーなど多くのメーカーが上位に名を連ねている。

日本の製造業の内部は、実際、どうなっているのか。どんな論理で動いているのか。エッセイではそこに集中して、わかりやすく伝えようと思ったそうだ。

山本さんが特に誇りに思っているのは、日立の営業担当として、日本側とアメリカ側の間に立って粘り強く双方のコミュニケーションを改善したことだ。

二〇一〇年当時、山本さんは、アメリカのパートナー企業にサーバーを販売する仕事を担当していた。顧客からは定期的に、製品だけでなく、アライアンスパートナーとしての日立に対する評価も送られてくることになっていた。

営業担当として大切なのは、顧客からのフィードバックを現場に生かしてもらうことだ。しかし、山本さんが担当になるまで、顧客からの評価は日本語に訳して現場に送っていただけだった。翻訳されたレポートを見て、製造現場は部分的に改善を図る。そんな流れがずっと続いていた。

ところがあるとき、アメリカからかなり厳しい評価が届いた。「意思決定が遅い」「開発のスピードが遅い」など日立の組織や体制そのものへの不満だった。

アメリカ側は日本企業の事情を理解していないのではないか……。私が間に入ってできることがあるはず。山本さんは神奈川の製造現場に出向き、二十人ほどのベテランエンジニアを前に、アメリカからのフィードバックを詳しく伝えた。

「評価軸が五つあって、かなり細かい内容だったため、そのまま訳してしまうとわかりにくいと考え、それぞれについて要点を三点にしぼって説明しました」

思いのほか、プレゼンは現場の人たちから前向きに受け入れられた。

「これまで評価は送られてきていたが、今回あらためて説明してもらって、アメリカ側が意図しているところがよくわかった。ありがとう」

プレゼンの後に、こうした感想が相次いだ。しかし問題はこの後だ。

どうやって改善していけばいいだろうか……。

エンジニアの方々と協力しながら、山本さんは問題をその場で解決できるものとできないものに分け、解決できるものについては具体的な改善策を、できないものについてはなぜできないのかをアメリカ側に説明することにした。

山本さんが営業の立場から説明することもあれば、エンジニアの責任者から直接、説明してもらったこともあった。とにかく心がけたのは、丁寧に説明することだ。

「やっと何が起こっているのかがわかったようでした。『こういう理由で開発が遅れている』

『日本企業はこういう仕組みで動いている』ということがわかっただけでも、相手のイライラは解消されたようでした」

山本さんは、日本企業はこういうものだ、日本社会はこういうものだ、という乱暴な説明は決してしなかったという。たとえば、部材を購入するにも、日本のメーカーは商社を介して購入するため、そこにリードタイム（発注から納品までの時間）が生じる。こうした日本では当たり前の仕組みも、アメリカ側には理解しにくい。異なる商習慣を一つひとつ電話会議やメールでわかりやすく説明した。

山本さんとエンジニアの方々の努力が実り、その半年後の評価は、アライアンスを組んで以来、最高の評価となった。山本さんがリーダーシップをとって問題解決に取り組んだ結果だった。現在、ハーバードの授業で日本企業について発言することが多いが、このときの成功体験から、日本企業のビジネスモデルや商習慣まで丁寧に説明することを心がけている。

コンペで負けた理由を直接顧客に聞いてみる

山本さんは次の三つの挫折体験についてエッセイを書いた。

①カリフォルニア大学ロサンゼルス校（ＵＣＬＡ）留学時代に、ＬＧＢＴ（性的マイノリティの総称）の友人がアイデンティティクライシスに陥り苦悩していたのに、友人として何もサポート

できなかったこと
②日立製作所で、チーム全体のことを一歩下がって見ることができずに、上司や周りとのコミュニケーション不足のまま、大量の仕事を一人で抱えてしまったこと
③日立製作所で、新製品開発・販売受注のコンペに参加した際、アジア系企業に負けてしまったこと

中でも悔しかったのは、二〇一二年、大手グローバル企業から新製品の開発・販売を受注できなかったことだ。それは、アメリカから担当者が来日して日立に来社した際、「新たな製品を購入したい」と直接依頼を受けた案件だった。山本さんらのチームは、その企業と過去にも何度か仕事をしたことがあり、良好な関係を築いていた。

「また一緒に仕事ができますね」

帰り際にこんな会話もあり、山本さんらは、当然、今回も自分たちに発注してもらえるものだと思っていた。早速、見積依頼書を受領して、正式な書類を提出した。

数週間後、アメリカ側の担当者から思いもよらない連絡が届いた。

「見積もり内容を検討した結果、今回は御社からの受注を見送らせてほしい」

納得いかない！

チーム全員がそう思った。

負けた理由を内々に探ってみると、アジア系企業が安く受注したことが原因だということがわかった。山本さんらは、日立の製品の品質にもサービスにも絶対的な自信を持っていた。日本の優秀な人材が情熱を傾けてつくりあげた製品で、アジア系企業との品質の差は歴然としていた。このアジア系企業で働いている人たちの意識も「誇りを持ってものづくりをする」という感じではなかった。

コストだけが理由で断られるなんて、悔しすぎる。山本さんにとって大きな挫折だった。

数ヵ月後、山本さんは思いきった行動に出る。アメリカ側の担当マネジャーCさんが別の案件で来日することになり、山本さんも会食に参加させてもらうことになったのだ。

ここで負けた理由を聞いてみよう。

会食中に仕事の話をガツガツするのはあまり好ましくないが、思いきって聞いてみた。

「ところで、Cさん、私たちは安いコストで高い品質の製品をつくってほしいという御社のリクエストにどうこたえていいかわからないのです。両方を同時に達成するのは無理だと思うのです」

するとCさんは、こういうふうにヒントをくれた。

「最高の品質と最低の価格は同時には満たせないけれど、その間で、品質と価格の組み合わせのスイートスポットはいくつかあるんじゃないかな」

それまで、山本さんらは「最高の品質×それを達成できる価格」という組み合わせを一つだけ提案し、見積書を作成していた。しかし、顧客がいつも最高の価格で最高の品質を求めているとは限らないのだ。「良好な品質×少し安めの価格」、「最低限のスペック×安い価格」など、毎回ニーズは違う。顧客のニーズに応じて、数パターン提出すれば、顧客に選択肢が生まれ、採用される確率も高まる。

「山本さん、熱弁、ふるっていたね」

食事の後、上司からこう言われた。

その後、この企業から新たな見積依頼書が届き、Cさんの助言通りに数パターン提出したところ、無事、受注することができた。

「当たってくだけろという思いで直接、聞きましたね。でも納得できないままにしておかないでよかったです。勇気を持って一歩前に出ることで、大きなリターンが得られることを学びました。挫折体験ではありますが、リスクをとることの価値を実感したエピソードだったので、エッセイに書いたのです」

以来、山本さんは、わからないことがあると、自分が納得するまで人に質問するようにしている。それは留学中の今も変わらない。

リスクをとってアメリカの大学に留学する

山本さんは四番目のエッセイを「あなたが人生で下した決断で最もリスクが高かった決断

は？」というテーマで書いた。

山本さんにとって、人生で最も勇気が必要だった決断は、自分の意志で大学の卒業を一年遅らせて、カリフォルニア大学ロサンゼルス校（ＵＣＬＡ）に交換留学したことだという。

「ラグビー部として大事な時期にマネージャーを辞めて、同級生が就職活動をしている中で一人留学したのは、大きな決断でした。でもどうしても行きたかったのです」

山本さんは、十八歳でイギリスから日本に帰国して以来ずっと、アイデンティティクライシスに陥っていた。十歳で日本からイギリスの学校に転入したときも、異文化を受け入れるのに苦労したが、日本に帰国して、やっとホームグラウンドに帰ってきたと思ったら、またもや待っていたのは「アウェー感」だった。

帰国子女が多い上智大学だが、山本さんのクラスはアメリカ帰りの人が多かった。山本さんの英語はイギリス風の英語で、しかも教わった先生がイギリスの地方出身だった影響もあって、少し独特のアクセントだったのだという。他意はなくても友人からイギリスなまりをからかわれたこともあり、アウェー感は強まるばかりだった。

ここでも私はマイノリティなのか……。私にとってどこがホームなのか……。

日本でもイギリスでもない第三国のアメリカで、自分を見つめ直したいと思った。

一年間留学すると、もちろん学費も余分にかかるし、夏に帰国すれば留学生対象の枠で採用試験を受けることになる。いまだに「留年」をネガティブにとらえる保守的な企業もなくはない。そのリスクを覚悟の上で留学を決断した。

二〇〇四年にUCLAに留学し、大学寮で暮らしたが、そこで出会ったルームメートは、メキシコ系アメリカ人だったり、インド系イギリス人だったり、誰一人として同じバックグラウンドの人はいなかった。

「アメリカの人は、『どこの国出身なの?』とか『日本人なの?』とかあまり聞かないんですよ。日本で国籍に縛られていた自分がちっぽけに思えてきました。日本人とかそういうことにとらわれないで、自分らしいままで受け入れてもらったという感じがしました」

こうして、国や人種にホームもアウェーもないことをUCLAへの留学で知り、山本さんは自分のアイデンティティを取り戻した。ハーバードにはアイデンティティクライシスを乗り越えた自分を知ってほしくて、あえてこのストーリーをエッセイに書いたのだという。

自然災害に負けないインフラを世界に展開する

「なぜMBAを取得したいのか」という設問に、山本さんは「ハーバード卒業後、日立で自然災害対策室を立ち上げたいから」と答えた。

思い描いたのは、地震予知システムを開発したり、自然災害が発生したときにすぐ復旧できるようなインフラ設備を整えたりする専門の部署だ。

二〇一一年三月、東日本大震災が発生し、山本さんが所属していたITプラットフォーム営業部でも、緊急事態の対応に追われた。東北地方の部品メーカーが大きな被害を受け、サーバーの部品が調達できなくなってしまったのだ。

「電気がきていません。工場にも破損が見られます。会社がこれからどうなるか、わかりません」

部品メーカーからは、逼迫《ひっぱく》した状況が伝えられた。

一方、海外の顧客からは、何が起こっているのか予測もつかず、毎日、納期に対する問い合わせが相次いだ。

「とにかく納期がいつぐらいになるか、教えてください」

「部品はどこから調達するつもりなのですか？」

遠く離れた顧客から見れば、東北の地震が与える影響の深刻さなどわかるはずもない。

「技術大国の日本でなぜこんなに大きな被害が出てしまったのか。技術で人の命を救えなかったのか。そんなことをずっと考えていました」

山本さんは続ける。

「盤石だと言われていた日本のインフラでさえ、これだけの被害が発生したのです。新興国でもし同じような災害が発生したら、甚大な被害が生じることでしょう。まずは日本で強固なインフラをつくりあげ、それを将来は新興国に展開していきたいとエッセイに書きました」

その夢を実現させるために、ハーバードのＭＢＡが必要だった。

上海での面接では、「生きた心地がしないほど」緊張した瞬間もあったが、「製造業出身の日本人女性」という独自性をアピールして、無事、合格を勝ち取ることができた。

「ハーバードに受かるとはまさか思ってもいませんでしたが、受けてよかったと思っています。ハーバードでは、日本代表として、日本企業のことを話す機会がたくさんあります。日本企業でなければできないことが世界にはあることを実感する毎日です」

Column 4

入学前に特訓講座をフルコースで体験

ハーバードの授業は、財務や会計といった経営の基礎知識がないとついていけない。外国語学部出身で、メーカーの営業担当だった山本さんは、コンサルティング会社や金融機関出身の同級生と比べると、経営の知識では大きなハンディがあった。そのためハーバードは、合格通知とともに、複数の特訓講座を受けるよう山本さんに伝えた。

「合格者の中でも事前履修講座をフルコースで履修したのは、私ぐらいではないでしょうか(笑)。文学部や芸術学部出身の人たちも、多く履修していたようです。でも、入学前からこれだけの講座を用意してくれて、サポートが手厚いなと思いました」

山本さんが履修したのは、次の四つだ。

【留学前】

①Finance/Accounting Online Programs（ハーバードが薦める外部専門機関による財務・会計のオンライン講座。財務・会計の知識が十分でない合格者対象）

②Online Module（ハーバードが用意するオンライン講座。全員必修）

【ハーバードにて】

③Analytics（財務・会計の基礎講座。財務・会計の知識が十分でない合格者対象）

④Pre-MBA International Program（英語でのプレゼンおよびディスカッション講座。留学生対象）

このうち、①～③はハーバードから入学前に必ず受講してくださいと通知が来たもの。④のPre-MBA International Programは、基本的に英語を母国語としない国で生まれ育った人を対象にしたもので、イギリスとアメリカで教育を受けた山本さんは「不要」と連絡があった。しかし、「いきなり日本からハーバードの国際的な環境に飛び込むのは不安です。できる限り早く慣れていきたいのでこれも受講させてください」と自ら志願して、受講させてもらったのだという。この四つの事前講座を履修したおかげで、九月の入学後は、授業にスムーズについていけるようになっていた。

ハーバードの成績評価は厳しいため、毎年、授業についていけず、退学を余儀なくされる学生が数人いる。クラスには経営・経済系や理系の学生が多いものの、ダイバーシティを実現するため、文学部や演劇学部出身、軍隊出身の学生もいる。合格させたからには落伍者を出さないように全力をつくしてサポートするのも、ハーバードの特徴なのだ。

合格者 9

芳賀亮太
（はが・りょうた）

1982年神奈川県生まれ。
2004年東京大学工学部卒業、
2006年東京大学大学院工学系研究科修士課程修了。
同年、三菱商事株式会社入社。
機械グループ自動車事業本部にて、
主に中国、インドネシアでの自動車販売を担当する。
2013年ハーバード大学経営大学院入学。2015年MBA取得予定。

「自分がハーバードに合格するなんて、思いもしなかった」と謙虚に語るのは、二〇一三年にハーバードに入学した三菱商事の芳賀亮太さん。芳賀さんは、五名しかいない日本人入学者の一人だ。

「三菱商事からの社費派遣生でも、ここ数年、ハーバードに合格した人はいませんでしたし、ハーバードは日本で教育を受けた普通の日本人では受からないという認識でした。ボストンでキャンパスを訪れた際も、自分はここに来ることはないけれど、一応見学しておこうという程度だったのです。自分でもなぜ合格したのか、いまだに明確な理由はわかっていません」

芳賀さんは三歳から六歳までオーストラリアで過ごしたが、それ以外はすべて日本で教育を受けている。当然、英語はネイティブではない。

「帰国子女と言えるほどでもないですよね。英語は一から日本で勉強しましたし、高校で留学したわけでもありません。大学時代からMBAに興味はありましたが、ハーバードを目指していたわけではなく、将来的に留学できるといいなと思っていたぐらいでした。もちろん大学時代にGMATなどの試験も受けていません」

二〇一二年に三菱商事の社内留学選考に合格し、TOEFLやGMATの勉強をはじめた。他の日本人留学生に比べると、海外経験が圧倒的に少ない中、そんなハンディをものともせず、ハーバードに合格した。

日本の文化の中で育った人が合格した秘策は何か？

どんなすごいエッセイを書いたのか？

そう矢継ぎ早に質問すると、「僕のエッセイ、とても地味な内容なんですよ」と言って、話しはじめてくれた。しかし、この一見、地味な内容こそ、ハーバードに合格した理由があった。

◉課題エッセイの設問（二〇一二年受験者）

1 「あなたがうまくやったと思うこと」について教えてください（四〇〇語）

2 「もう少しうまくやればよかったと思うこと」について教えてください（四〇〇語）

二十代リーダーとして現場力で勝負する

芳賀さんがリーダーシップ体験として伝えたのは、二〇〇九年、三菱商事の自動車事業本部で、中国での自動車輸出販売の売上をV字回復させたときの体験だ。

入社四年目の芳賀さんに与えられたミッションは、中国での自動車販売台数を増やすことだった。当時、日本車の売上は、二〇〇八年のリーマンショックと円高の影響で伸び悩んでいた。芳賀さんが入社した二〇〇六年から中国での自動車販売台数は右肩上がりに伸びていたが、それが初めてマイナスになったのが、二〇〇九年初頭頃だった。

「高い販売目標を掲げていたのに、急に達成が難しくなり、メーカーも販売会社も混乱していたようでした。そこで、現実的な販売計画を立て直す必要があったのです」

うまくいかないのには、市況以外に何か理由があるはず。

三菱商事で中国の自動車輸出販売を継続して担当してきたのは、芳賀さんと芳賀さんの上司だけだった。芳賀さんは、上司の指導のもと、新人のときから中国市場やビジネスの動きをずっと注視し続けていたため、この分野にはかなり詳しくなっていた。しかし、市場や価格などの分析だけではこの問題は解決できない。現場に何かヒントがあるはず。中国に飛んで、とにかく現地のディーラーの声を聞くことに徹した。

「中国語で、わーっと『何とかしてくださいよ』と文句を言われたこともありましたね。本当に市況が悪くなっているんだと感じました。しかし、ディーラーを一つひとつまわるうちに、現場の求める車が十分に供給されておらず、一から販売戦略の立て直しが必要だと感じました。現場はとにかく、より高級感があり価格競争力の高い車を求めていました」

中国での自動車販売は、三菱商事、日本のメーカー、そして中国の販売会社の三社が連携しながら進めてきた。しかし、三社はそれぞれ会社の場所も違えば立場も違う。販売戦略を立てるのが販売会社、それを承認し車の供給と販売をサポートするのが商社とメーカーの役割だ。

実際に車を売る現地のディーラーは販売会社の傘下にあるが、現場のニーズが必ずしも販売戦略に反映されるわけではない。現場が欲しい車が届かない。それが売上に歯止めをかけていたことがわかってきた。そこで芳賀さんら三菱商事のチームは、メーカーと販売会社の橋渡しをつとめ、三社が納得する販売戦略を立て直すことにした。

「販売現場の生の声を聞き、それをメーカーに説明し、三社が納得する現実的な販売戦略を立てました。三社が合意するまでには苦労もありましたが、その甲斐もあってこの年の中国での販売台数は前年の二倍以上に伸びたのです」

足で一店一店、中国のディーラーをまわった体験。これをなぜ、あえてハーバードのエッセイに書いたのか？

「社会人になって初めて担当し、ビジネスの基本を学んだ案件でしたから、思い入れが強かったのです。新興国の現場で汗をかいた経験が伝われればと思って書きました」

ハーバードの受験者のエッセイには、何億円というディールをまとめた、こんな大ヒット商品を開発したなど、スター社員らしいエピソードが並ぶ。そんな中、芳賀さんのような地に足のついた経験は逆に新鮮だ。

大企業で二十代の若手社員が達成できることなど限られている。そんなことは、ハーバードの入学審査官も百も承知だ。ハーバードが知りたいのは、組織の中で何を自分が具体的に変えて、成功に導いたか。そのリーダーとしての現場力なのだ。

「あなたの日本語は失礼だ」と言われた経験をチャンスに変える

「もう少しうまくやればよかったと思うこと」についても、芳賀さんは自動車事業本部での経験を書いた。

忘れられない失敗は、入社一年目の二〇〇六年、自動車を中国に輸出する際の船積みを担当していたときのことだ。日本から中国への輸送は、船で一ヵ月ほどかかる。この船に積む自動車の台数を調整していたのが芳賀さんだった。

中国の販売会社からは、ひっきりなしに「一刻も早くX台、輸送してほしい」という要望が届く。しかしそうは言われても、メーカー側も簡単に要望通りに生産できるわけではない。

「なぜ、もっと多く積めないのですか」

「何台だったら、輸送可能なのですか」

中国からは苛立ったメールが来る。販売会社の中国人担当者は日本語が堪能で、メールのやりとりは日本語だった。新人の芳賀さんは、両者の板挟みとなることもしばしばだった。

そんな中での失敗体験をエッセイに書いた。それは中国側から多めの注文が届いたときのことだ。数量をメーカーに伝えたところ、その台数を生産できないことがわかった。本来なら、その状況と要望に応えられない理由をすぐに中国側に伝えるべきだが、芳賀さんはその大事な「経過報告」を怠ってしまった。そのかわりに、数日後、突然、こんなメールを送ってしまったのだ。

「メーカー側と交渉した結果、最終的にX台を輸送することに決まりました。よろしくお願いします」

送って三十分も経たないうちに、中国の販売会社から怒りの返信メールが届いた。芳賀さんの上司にもCCで送られていた。

「決まりました、とはどういうことですか。輸送台数は、そっちが決めることですか。あなたの日本語は失礼です」

文面から、猛烈に怒っていることがわかった。芳賀さんは、すぐさま上司に相談し、その日のうちに電話で謝罪した。

「日本語がネイティブでない方に、あなたの日本語は失礼だと言われ、かなりショックを受けました。上司からは、『この表現だと怒られると思うよ』と言われました。販売会社は、よく知る身内とはいえ、面子《メンツ》を重んじる中国の人に対して、こういうメールを送ってはいけなかったのです」

芳賀さんは、この体験からの学びとして、次のようにハーバードに伝えた。

「難しい状況を伝えなくてはならないとき、相手とのコミュニケーションを避けてはいけないこと、問題が生じたら伝えたいメッセージが誤って伝わらぬよう、逃げずに相手に丁寧に状況を説明すること、感情的になると生産的な解決ができないため、感情のコントロールが必要なこと。この三点を学びました」

その後、この販売会社の責任者とは良好な関係を築くことができたという。芳賀さんが丁寧なやりとりを重ねて、信用を取り戻していったからだ。

「相手の立場に立って情報や意見を発信するようにしました。『こういう分析をやったので、よかったら使ってください』『こんな市場データがあるのですが、そちらではこういうことが起きているのではないですか』などと、まめに送っていると、中国側からもどんどんデータが出てくるようになって、お互いにとってプラスの関係になりました」

この新人時代の学びは、前出の自動車販売の売上をV字回復させるために現地のディーラーをまわったときにも、大きく貢献した。激しく文句を言われても、感情的にならずに粘り強く聞く。親会社の立場だとどうしても上からモノを言ってしまいがちだが、芳賀さんは、そういう態度で仕事をしなかった。相手の立場を考える謙虚さが成功するリーダーシップの要素だと学んだからだ。

面接では大局観を備えている人間であることを強調する

芳賀さんがハーバードの面接を受けたのは、二〇一二年十一月。面接は上海で行われた。

「面接で印象に残っているのは、自分の意見や考えを求められたことです。今思えば、ハーバードのクラスディスカッションに貢献できる人かどうかを見ていたのかもしれません」

三菱商事の経営戦略についてどう思うか、自動車事業本部の販売戦略についてはどうか、世界の自動車産業は今後どうなっていくと思うか。想定外の質問が矢継ぎ早に飛んできた。グローバルリーダーとしての発言力と大局観が問われる質問ばかりだったが、普段から俯瞰《ふかん》して物事を考える習慣が身についていたおかげでスムーズに答えることができたという。

筆者自身は、こうした「大局から物事を考える習慣」をコロンビア大学経営大学院に留学してはじめて身につけた。全体最適の思考法は、部分最適で物事を考えがちな日本人が最も苦手とする分野だと言われている。しかし、ハーバードの受験者は、すでに受験段階で、この思考法を身につけていなければならないことがわかる。

留学前に、芳賀さんはどのようにこの思考法を身につけたのか?

そう聞いてみると、芳賀さんは、「うーん……」と長く考えた上で、次のように答えた。

「もしかしたら……ですけれど、麻布中学、麻布高校で、『自分の頭で主体的に考える』訓練を受けたからかもしれません。麻布は自由研究をしたり、論文を書いたりなど、生徒に考えさせる授業が多い学校ですから」

二〇一二年の受験生から、面接の後に、面接の内容を振り返った感想文を提出することになった。芳賀さんは、特に三菱商事についてのディスカッションがとても刺激的だったことを強調し、議論から得られた示唆を今後生かしていきたいと伝えたという。

意外だったのは、「なぜＭＢＡを取得したいのか」という、どの学校の面接でも聞かれるお決まりの質問がなかった点だ。

「エッセイと一緒に送る基礎データ票に、短く書き込む欄がありました。それで十分だったのか、面接では将来のヴィジョンについて一切聞かれませんでしたね」

芳賀さんは、ハーバード卒業後、自動車関係の投資先に出向して、マネジメント職を経験したいという。将来は、電気自動車などクリーンテクノロジーの製品を世の中に送り出すことによって、環境に優しい社会をつくっていくのが目標だ。

「工学部出身なので、テクノロジーを基礎としたビジネスに興味があります。日本から電気自動車事業をはじめ多くのビジネスを生み出すのに貢献できるよう、ハーバードでさまざまなスキルを身につけたいと思っています」

Column 5 英語は日本で一から学ぶ

芳賀さんは、幼少期にオーストラリアに住んでいたものの、中学、高校と日本の英語教育を受けて育った。ハーバードに在籍している日本人の中では、少数派だ。

「ハーバードの面接だったと思いますが、六歳で日本に帰ってきて、その後どうやって英語力を維持したのか、と聞かれましたね。当然、日本の小学校に通えば忘れてしまいますから、普通の日本人と同じように中学校で英語を一から学びました」

ハーバードが要求する英語力は、ネイティブと同じレベルだ。これをどうやって身につけたのか。

「中学のときに三年間、英会話の個人塾に通っていたのですが、ここで教えていた日本人の先生が、イギリスの大学を卒業し、長年イギリスで生活をされていた方で、教え方がとてもうまかったのです。この塾で発音や英語で意見を言うことの基礎が身についたのではないかと思います」

それでもTOEFLのリスニング試験では苦労した。大学の専攻は工学系だし、三菱商事でも仕事で使っていたのは日本語と中国語だ。弱点を克服すべく、芳賀さんが利用したのがポッドキャストだ。次の三つのミニ番組を数ヵ月間にわたって聞きつづけた。TOEFL受験生の間では有名な番組なのだそうだ。

・Wall Street Journal "This Morning"
・Indiana Public Media "A Moment of Science"
・Scientific American "60-Second Science"

ＧＭＡＴの英語（Verbal）の試験は、大学受験と同じように単語をひたすら暗記して勉強した。「仕事が忙しかったですから、家に帰ってから寝ないように、立ちながら単語を覚えました」

ＴＯＥＦＬ、ＧＭＡＴとクリアしても、次に待っているのは英語の面接だ。ハーバードの場合、面接に招待されるのが千八百人。このうちおよそ半分が不合格となる。

芳賀さんの場合は、英語で自分の意見を論理的に発言できたことが合格につながったのではないかと筆者は推察する。面接官が見ているのは、美しい英語を話せるかどうかではなく、英語でディスカッションできるかどうか。英語の体裁ではなく、中身なのだ。

前述のとおり、芳賀さんは常日頃から「大局観」を持って仕事をするようにしていた。会社や社会に対して、日頃から自分の考えを持つようにすること。それが、アメリカ人のように完璧な発音で英語を話すよりも大切なことなのだ。

第四章

ハーバード合格者の伝える力

第二章、第三章で紹介したハーバード大学経営大学院合格者九名の取材から見えてきたのは、彼らがリーダーとしての潜在能力を示す中で、いくつか共通する価値観を伝えていることだ。

・成功よりも挫折
・安定よりも挑戦
・維持よりも変革
・常識よりも非常識
・カリスマ力よりも地道な努力
・派手な成功よりも地味な貢献
・ナンバーワンよりもオンリーワン
・器用さよりも泥臭さ
・言い訳よりも行動
・一本道よりもまわり道
・惰性よりも情熱
・自分の欲よりも他者への貢献
・ずる賢さよりも実直なまでの優しさ
・批評力よりも現場で汗をかく現場力

これは一般に思われているエリート像とは、真逆のものが多い。特にハーバードに合格するようなエリートになるのに、挫折、まわり道、地道な努力、現場力、泥臭さなどが不可欠だというのは、意外に思われるかもしれない。

しかし、序章でも述べたとおり、「ありのままの自分」を伝えることが合格への近道なのだ。なぜなら、そのほうが「将来の可能性」を強く訴えることができるからだ。完璧な実績を持つ、出来上がった人間であることを示せば示すほど、合格は遠のくのだ。

採用する側、入学する側の人間が、受験者の「過去の実績」よりも「可能性」に興味を持つことが、ハーバードやスタンフォードの研究で示されている。この理論は、上司が部下を昇進させるときにもあてはまる。

そして、それを伝える技術にも、逆説的な手法が存在する。

・発音の美しさよりも伝えるコンテンツ
・技巧を凝らすよりもシンプルに
・部分最適よりも全体最適
・局所論よりも大局論

第四章では、ハーバード合格者が伝えた価値観と、伝える技術について、まとめてみたい。

現状維持よりも変革

ハーバードの課題エッセイの設問数は、年々、減り続けている。
二〇一一年は四問、二〇一二年は二問、そして最新の二〇一三年には何と一問（オプション）になった。設問数が減り続けている理由については後述するが、この限られた設問数の中で、どれだけテストの点数で伝えられない自分の姿を伝えるかが勝負となる。このエッセイの内容如何《いかん》によっては、TOEFLやGMATの点数が低かろうと、逆転するのが可能になるからだ。

自分の人生のいつの時代のエピソードを伝えるかに正解はない。
2+2《ツープラスツー》プログラムによって大学在学中の二十一歳でハーバードに合格し、二〇一二年に入学した三宅博之さんは、社会人経験がなかったこともあり、小学校時代や中学校時代までさかのぼって、異文化体験を書いている。一方、二〇一三年に入学した芳賀亮太さんと水田早枝子さんは、受験した年の設問数が二つだったこともあり、社会人になってからのことしか書いていない。

受験者の間では、「大学でのエピソード、仕事でのエピソード、課外活動・コミュニティ活動」の三つをバランスよく書くといいと言われていたが、入学審査官は、「そんな公式はない」と否定している。

大学時代でも、社会人になってからのエピソードでもいいのだが、合格者がどのエピソードにも共通して書いていることがある。それは次の二つだ。

・自分がリーダーシップをとって組織に変革をもたらした体験
・自分自身が変革した体験

達成したことであれ、失敗したことであれ、設問にかかわらず、皆「変革」について書いている。ハーバードのミッションは「世界を変革するリーダーを育成すること」。書かなくてはならないのは何かを変えた経験だ。

外資系消費財メーカーの財務部門につとめていた水田さんは、「売上の減少を最小限にとどめるコスト割り当て案」を自ら作成して、当該部署に提案している。

大和証券の中澤佳寛さんは、サブプライムショックで債券市場が落ち込む中、それを逆手にとり、ヨーロッパやカナダの大手銀行に円建外債の発行を提案することを思いつく。

三井物産の向江一将さんは中東のインフラストラクチャーの事案で、誰もが通常ルートからの資金調達を考える中、「中東系の銀行にあたってみませんか」と提案する。

三菱商事の芳賀さんは、販売の現場の意見を聞きたいと中国のディーラーを訪ね歩き、関係者が納得する販売戦略の立て直しにこぎつける。

こうした目で第一章と第二章を読み返してみると、どのエピソードからも「変革」というキーワードが浮かんでくるはずだ。

成功よりも挫折

ハーバードは二〇一二年までの数年間、課題エッセイで受験者に挫折体験を聞いてきた。失敗や挫折についてハーバードがあえて聞くのは、受験者が自分を変えられる人かどうかを知りたいためだ。傲慢さから失敗するリーダーは多い。謙虚に学び、自分を変えられない人は、リーダーとして失格だからだ。

ハーバードは、授業で多くの失敗事例を教え、失敗から学べる謙虚さをリーダーシップの重要な要素としてとらえている（詳細は拙著『世界のエリートの「失敗力」』、ＰＨＰビジネス新書、をご参照ください）。

そのエピソードは、何も会社を解雇されたといった大きな挫折でなくともよい。失敗の大小は関係ない。「上司にこんなことで怒られた」「大学の部活動で連戦連敗してしまった」――誰にでもありそうなことだが、自分にとっては大きな学びとなった失敗でいいのだ。その失敗から自分は何を学び、それをどうその後に生かしたか。自分は自分を変えられる人であることをエピソード全体で伝えることが大事だ。

「私はすべてのエッセイを結・承・転・結の構成で書くように心がけました」と言うのは森田

揺加さん。森田さんは、成功体験も挫折体験も次のように構成して書いたという。

（成功体験）
・結：質問への答え（私はこういうことを達成しました）
・承：具体的な行動（自分はリーダーとしてこう変革しました）
・転：挫折／苦労（こんなに大変でした）
・結：学び（今の私がいます）

（挫折体験）
・結：質問への答え（私はこんな失敗／挫折からこういうことを学びました）
・承：具体的な行動（こんな挫折を経験しました）
・転：改善（このように行動して、挫折から立ち直りました）
・結：学び（今の私がいます）

起承転結ではなく、結・承・転・結。単語数が制限されている英文のエッセイでは、まずは結論から書くことが重要だ。

序論、本論、結論と三部構成で書く場合もあるが、経営大学院の課題エッセイの場合は自分や組織を苦労して変革した経験を書くことが求められるため、「転」の部分が不可欠となる。こうした「転」の部分は、実際に行動した人しか書けないことであり、エッセイに説得力を持たせる効果がある。特に失敗したときにそこで腐らず、最善の努力をしたか。そこから何を学び、どうやって立ち直ったのかは、入学審査官が知りたいところである。

森田さんが、「自分が人生で達成したこと」を伝えるにあたっても、あえて挫折体験を入れて伝えたのは、そのためだ。

水田さんは、挫折や失敗を伝えるときは、本当に自分にとって痛みとなった体験かどうかが重要だという。

「ただ転びましたというだけでは当然ダメですし、逆にきれいすぎる『失敗からの成長ストーリー』を伝えても見抜かれてしまいます。他の人から見た失敗の大きさよりも、自分自身涙が出るくらい辛かったり悔しかったりした失敗を思い出していただきたいですね」

たしかに、挫折体験でも、経営大学院に受かるために探したと思われる「美しすぎる挫折体験」は、読み手にも入学審査官にも伝わってこない。水田さんは続ける。

「その敗北も自分の一部として抱きしめ、至らない自分を冷静に観察し、そこから自分の価値観の一部となるような強烈な何かを学び取ることができた自分を伝えるのが重要だと思います」

繰り返すようだが、ハーバードがエッセイで知りたいのは、リーダーシップ経験とリーダーとしての人格、特に謙虚に自分や周りを変えられる人かどうかだ。だからこそ「転」のエピソードを赤裸々に伝えることが不可欠になる。

派手な成功より地味な貢献

エッセイを書く作業とは、自分の人生で経験した仕事や活動を「再定義」することだ。今回インタビューした合格者の多くが、「僕のエピソード、地味な内容なんですよ」「私の話、こんなに地味なんですが、参考になりますか」と謙虚におっしゃっていたように、エピソードそのものは、社会人なら誰でも経験しそうなことだ。しかし、この地味さこそ、ありのままの自分の象徴であり、ハーバード合格のポイントであることがわかってきた。

受験者の中には、「投資銀行で数千億円のM＆Aの案件をまとめました」「コンサルティング会社で大企業を変革し、数十億円のコスト削減に成功しました」など、新聞記事に載るような大プロジェクトに関わったことを書いたほうがいいと誤解している人もいる。こういう大きなプロジェクトに貢献したことを書くのは間違いではないが、その中で、若手の自分が何をやったのかを具体的に書かなければ、何の価値もない。

すでに触れたように、入学審査官は、この道、数十年のベテランであり、二十代の若者が大企業でどのレベルの仕事をまかされるのかよく知っている。それを「自分が率先してディールをまとめた」と書いてしまうと、チームで達成したことを自分の手柄にしている人と判断され、おそらく不合格となるだろう。どの経営大学院でも「エッセイは、素直に、正直に」というのがルールだからだ。

それよりは、「自分はこのプロジェクトでこういう役割を担っていて、現場でこういうことを上司に提案し、こういう改善を試みた」「日米合同チームでアメリカ人と日本人の間に溝があったので座席の配置を替えてみた」など現場感あふれるエピソードのほうが説得力を持つ。

序章に記したことを繰り返すと、ハーバードの合格基準は、

1　リーダーシップ力（Habit of Leadership）
2　分析力と分析欲（Analytical Aptitude and Appetite）
3　コミュニティへの貢献力（Engaged Community Citizenship）

の三つだが、特にリーダーシップ力については、公式ウェブサイトで次のように明記しているのが注目される。

「リーダーシップの大小は問いません。『クラスメートをまとめて何かを達成した』から『軍の分隊を指揮した』まで、『個人事業を営んだ』から『会社の一員としてイニシアティブをとって何かを達成した』まで、何でも構いません。要は、あなたのリーダーとしての潜在能力を

示す証拠を知りたいのです」(http://www.hbs.edu/mba/admissions)

日立製作所の山本理絵さんは言う。

「一見地味な毎日の仕事も見方を変えれば、すべて価値のあることになります。夜中にアメリカ企業とのテレカンファレンスで、サーバーが何台足りないと怒られ、私、何やってるんだろうと思うようなこともありました。でも、それも見方を変えれば、グローバル企業と直接やりとりをして、ニーズを把握し、日本企業の立場を説明し、事態の改善に貢献したことになるのです」

山本さんは続ける。

「日本の若い人は、もっと自分のやっていることに自信を持ってほしいと思います。若いときは、自分のやっていることが地味で瑣末《さまつ》に思えてきますが、実は一つひとつを再定義していけば価値のあることなのです」

人事面接、転職活動、そして経営大学院の受験で求められるのは、自分の仕事を価値あるものとして「再定義」することだ。その自分の仕事はリアルであればあるほど望ましい。そこに選ぶ側は「可能性」を感じるからだ。元モルガン・スタンレー証券、元国際金融公社(ＩＦＣ)の杉田道子さんも、「地に足がついている」エピソードを伝えようと思った、と話す。杉田さんは、モルガン・スタンレーであまりに多忙で自分を見失いそうになった話や、ＩＦＣで日本企業に地道に営業をした話などを書いている。

「今の発展途上の自分を素直に伝えようと思いました。これだけ現場で頑張ってきたからこそ失敗もしてきて、それによって自分を成長させてきた。ここまでは自分の力で頑張れる、だけど、この先はさらなるスキルがないと難しい。だからこそハーバードのＭＢＡが必要なのです、と」

若者が派手な成功体験を語ってもリアリティがない。しかも選ぶ側が見たいのは、将来どのぐらい成長してくれる人かという潜在能力なのだから、自分を飾り立てれば立てるほどマイナスになるのは当然なのだ。

仕事を「与えられる人」より「創る人」

「あなたのどういう部分がユニークなのか？」

ハーバードに限らず、アメリカの経営大学院を受験すると、エッセイや面接で必ず聞かれる質問だ。ユニークとは、「類稀な」「唯一の」などと訳されるが、要は、同じような学力と同じような経歴の受験者がいた場合、その人と違うのはどういうところ？　と聞きたいわけだ。

なぜこの質問をするのか。それは、どの大学院も「ダイバーシティ」こそがビジネスを発展させると信じているからだ。ハーバードのウェブサイトを見ても、女性比率、マイノリティ比率など、学生構成がいかに多様性に富んでいるかが強調されている。

九百人入学者がいれば、同じような経歴の人は二人もいらない。ＴＯＥＦＬやＧＭＡＴのスコアが同じだったら、どちらか一人「ユニークな」ほうが選ばれることになる。このユニークさを示すのに効果を発揮するのが、日本初、会社初、史上最年少といった称号だ。こうした称号がある人たちは、そのフロンティア精神が高く評価される。

大和証券の中澤さんは、二つの日本初プロジェクトに関わったことを強調した。一つは、ヨーロッパやカナダの銀行が発行する円建外債を日本で初めて販売したこと。そしてもう一つは、債券を買うことによって社会貢献するインパクト・インベストメント商品を開発して、売り出したことだ。

二十一歳でハーバードに合格した三宅さんは、日本人初の２＋２プログラムの受験者の一人で、筆者が知る限りでは、史上最年少の日本人合格者だ。

森田さんは、シティグループ証券で日本からアジアへの派遣第一号。

杉田さんは、ＩＦＣ東京事務所の日本人ジュニアスタッフ第一号。

同じように、称号はなくとも、ゼロから何かを立ち上げた経験も、「ユニーク」だとみなされる。

湯浅エムレ秀和さんは大学時代に起業し、森田さんは学生団体を、中澤さんはバスケットボールサークルをつくった。向江さんや杉田さんは社会人になってから勉強会団体やプロボノ団体を立ち上げた。もちろん、立ち上げましたというだけではダメで、その過程で自分はどれだけ汗をかいたか、何を学んだかを説明できなくてはならない。それを具体的に説明できる限り、仮に失敗に終わっても、価値ある挑戦をした人という評価となる。

日本初、会社初、史上最年少などは、一見、達成するのが難しそうだが、自分の人生をこの視点から振り返って探してみると、意外に見つかるものだ。

今、どの業界でも欲しいのは、仕事を「創る人」だ。与えられた仕事をきっちりやる人ももちろん必要だが、「与えられる人」だけで企業を成長させることはできない。変化の速いビジネスの世界ではなおさらそうだ。フロンティア精神にあふれた人が求められている。

ナンバーワンよりもオンリーワン

ハーバードの面接やエッセイでは、自分がクラスにどんなダイバーシティをもたらすのかを、入学審査官にわかりやすく示さなくてはならない。

湯浅さんは、ハーバードの学生は総じて、自己ブランディングがうまいという。

「自分が教授や同級生からどう見られているのかをつねに意識して、『こう見られたい』と演出するのがうまいと思います」

たとえば、ベンチャーキャピタル業界に就職したいと思っている学生がいるとする。そうすると、ファイナンスの授業では他の授業以上に積極的に発言し、教授のオフィスまで質問に出向き、課外活動ではベンチャーキャピタルクラブに入る。周りからベンチャーキャピタルの人だとポジショニングされるよう、行動をすべて一貫させるのだという。

「こういうふうに行動していると、『彼はベンチャーキャピタルに行くんだよね』という雰囲気になり、本人もベンチャーキャピタルに就職するのが当然といった気持ちになるため、目標達成へと近づくのだと思います」

こうした自分演出は、多様なクラス構成の中で自分の立ち位置を明確にする上で、とても有効だという。

日本人留学生に、エッセイや面接でどう自分をブランディングしたかと聞いてみると、皆答えがあまりにも明快だったので、驚いてしまった。逆に、明快であったからこそオンリーワンであることを示すことができ、合格したとも言える。

水田さんは、ハーバードに消費財企業の出身者が少ないのはチャンスだと思ったという。

「消費財メーカーに六年つとめた日本人女性というのはそうそういないのではないかと思い、その点を強調しました。実際、九百人同級生がいて、消費財メーカー出身者は数パーセントしかいないのではないでしょうか」

製造業出身の山本さん。

「国際的な経験は豊富だけれど、日本のメーカーで地に足のついた仕事をしてきた日本人女性、と自分を位置づけました」

湯浅さんの場合も明快だ。

「トルコ、スイス、アメリカ、日本という異なる文化を持つ四ヵ国で育ち、偏見や先入観を持たずに、実際に自分の目で確かめることの大切さを学んだことを強調して伝えました」

芳賀さんは面接で、「他の三菱商事の受験者とどこがどう違うのか」と質問された。

「自動車事業本部の海外営業だけではなく、一時在籍していた管理部門で自動車関連ビジネスの投資審査を一手に担当していたことを伝えました。入社して数年で、営業と投資審査の両方を経験する人は、三菱商事の中では稀なケースなのです」

この自分をブランディングする技術は、日本の大学入試でも、グローバル企業の就職試験でも役に立つ。

東京大学が、平成二十八年度入学者選抜から推薦入試を導入する目的の一つは、「多様な学生構成の実現」だし、一流のグローバル企業であれば、多様な人材を採用することは、企業の成長や存続にかかわる重要な課題だ。その中で、自分はどこがオンリーワンなのかを分析して、演出して、伝えることが、ダイバーシティをもたらす人材として選ばれるための第一歩となる。

机上の批評よりも現場力

近年、ハーバードが最も力を入れている分野が新興国ビジネスだ。ハーバードの一年生は、新興国に滞在してコンサルティングを行う「フィールド」という授業を必ず受講しなくてはならない。九百人全員が六人ぐらいのチームに分かれ、世界中の企業や組織の問題解決に取り組む。

二〇一〇年にインド出身のニティン・ノーリア教授が学長に就任すると、新興国ビジネスを重視する傾向が特に強くなった。

新興国の中でも、特にインドとの結びつきは強く、出版部門の子会社の設立やエグゼクティブ講座の開講など、積極的に進出しているのが窺《うかが》える。ハーバードの敷地内には、インドの財閥であるタタグループからの寄付を受けて建設された、エグゼクティブ教育専門施設「タタホール」がそびえたっている。二〇一三年十二月に完成したばかりのタタホールは、世界の経営者が八週間にわたって寝泊まりしながら高度なマネジメントを学ぶAdvanced Management Program（ＡＭＰ）の中心施設となっている。

日本人合格者がハーバードに伝えたエッセイの内容を振り返ってみても、「新興国」との関わりを強調した人は多い。登場順に整理をしてみると一目瞭然だ。

・杉田さん　ＩＦＣにて開発金融に従事
・森田さん　学生時代にインドネシアでボランティア
・湯浅さん　トルコ生まれ、東南アジアでコンサルティング
・中澤さん　新興国支援を目的とした金融商品の開発・販売に貢献

・向江さん　新興国支援のための勉強会団体立ち上げ、学生時代にアジア各国でボランティア
・芳賀さん　中国での自動車販売に貢献

先進国の企業が、成長著しい新興国でビジネスを展開する機会が圧倒的に増えたこともあるが、ハーバードの受験者の中には、「学長の方針で新興国重視だから」と新興国に関わったエピソードを探して書く人もいるという。

成績優秀者は、頭がいい分、「批評家」になりがちだ。自分では汗をかかず、うまく人にやってもらって、それをあたかも自分がやったかのように書くこともできる。特に新興国エピソードは「社会貢献力」をアピールでき、美しいストーリーになりやすい。

しかし、こうした批評家タイプは、当然のことながら人望を得られない。それを判断するのが、入学審査官の役目なのだ。

向江さんは、面接官にこう聞かれたのを覚えている。

「新興国で何かをやりました、だから新興国の開発に携わりたいという人は、山ほど受けています。その中で、あなたを合格させる理由は？」

向江さんは、大学を一年留年して、上海からカイロまで七ヵ月にわたってヒッチハイクで旅した経験を語った。現地の人の家に泊まり、現地でボランティア活動をして、「数週間、学生ボランティアをして帰ってきた人とは違う」経験をしたことを強調した。

「旅の途中、十ヵ国目のシリアで青年海外協力隊員として働いていた友人を訪問し、首都ダマスカスの公園で、大人から子どもまで集めてゴミ拾いをするイベントの企画と運営を手伝いました。ボランティアを終えてダマスカスにあるカシオン山という山の頂上で友人と誓ったのです。『何かはわからないけど、帰ったら日本で一緒に何かやろう』。そしてはじまったのが勉強会団体のコンパスポイントです」

こうした現場感あふれるエピソードを語れるかどうか。語れないのであれば、履歴書やエッセイなどで強調しないほうがいい。

杉田さんは言う。

「日本人受験者は、将来、新興国の開発に携わりたい人が多いので、その中で自分をどう際立たせるかを考えました。ビジネスによって経済を活性化させたいという思いを持って、仕事を選択し、課外活動を行い、行動しつづけてきたことを書いたのもそのためです」

ハーバードに合格するために、無理して新興国における体験を書いても、それが自分の人生の一部となっているような体験でなければ、面接で必ずボロが出る。新興国の現場であなたは具体的に何をやったのか。「新興国×現場力」を語れるかどうかが、新興国経験者間での差別化競争を制するカギとなる。

一本道よりもまわり道

留学やボランティア活動で高校や大学を留年し、人よりも卒業が遅れた経験が、実はハーバードでは高く評価されるのをご存知だろうか。

横並びを好む日本では、「留年」をネガティブにとらえる人が多い。仮にそれが留学などの正当な理由だったとしても、なぜこの人は留年したのか、単位を落としたのが本当の理由ではないのかと、あれこれ勘ぐられる。就職活動でも、いまだに留年者は「成績不良者」と見られ、マイナスになることもしばしばある。

ところが、ハーバードでは、自分の意志でまわり道をする人は、人とは違うユニークな人だと見られる。今回、取材をさせていただいた人も、十八歳で大学入学、二十二歳で就職といったストレートな人生を送っている人は少なかったように思う。

向江さんは、アジア大陸を横断するために一橋大学を一年留年したし、山本さんはUCLAに留学したため卒業が一年遅れた。中澤さんはアメリカの高校卒業後、日本の大学に進学することにしたため、入学が一年遅れている。そして皆、このまわり道をしたときに自分がどれだけ成長したかをエッセイに書いている。

こうしたまわり道を評価するのは、ハーバードだけではない。マッキンゼー・アンド・カンパニーなど一流のコンサルティング会社でも、休職して社会貢献活動などに従事した経験は戻ってきてから高く評価される。

元マッキンゼー・アンド・カンパニーのパートナー（共同経営者）で現在、上海で会社を経営する金田修さんは、マッキンゼーをやめようと思って休職したときの経験を次のように述べている。

「結局、マッキンゼーに戻ることにしたのですが、その休職期間を含む時期についても『起業家精神にあふれていて将来のリーダーになる可能性がある』などと評価されていて驚いたのを覚えています」（前出『世界のエリートの「失敗力」』）

一流の組織は、まわり道を、リスクをとって自分の人生を主体的に切り開いた証拠としてプラスにとらえる。とはいっても、まわり道の期間は普段の何倍もの濃い経験を積まなければ意味がない。「モラトリアム期間を過ごしていました」ではなく、何の目的のために何をしていたかを語れなくてはならない。

人生は惰性よりも情熱

アマゾンの創業者兼CEO、ジェフ・ベゾス氏は、二〇一〇年、プリンストン大学の卒業式スピーチで、学生に向けて、次のように呼びかけた。

「君たちは、人生を惰性で過ごすつもりか。それとも、情熱を持って生きるのか」

人生を惰性で過ごしてきた人には、他人に語るだけのストーリーがない。情熱の数だけストーリーが充実していくからだ。ベゾス氏が言うように、グローバル企業が欲しいのは情熱を持って生きる人のほうだ。

ハーバードを含め、トップの経営大学院では、自分の人生を一つのストーリーとしてうまく伝えられた人が合格すると言われている。

端的に言えば、自分はこういう環境に育ち、こういう人から影響を受け、こういう体験をして、今に至る。だから、これからこういうヴィジョンに向かって進んでいきたいというストーリーだ。設問が何問あろうが、すべてのエッセイを読んだ後に、一つのストーリーが伝わるようにしなくてはならない。

ここで説得力を持つのが、人生の目標を達成するステップとしてハーバード入学を目指している自分が、その情熱を持つきっかけとなった原体験だ。

杉田さんは中学時代にフィリピンでホームステイしたときの体験が、森田さんはインドネシアでのボランティア体験が、新興国の格差問題について興味を持つきっかけになった。トルコ人の父親と日本人の母親のもとに生まれた湯浅さんは、自身のアイデンティティがトルコと日本を結ぶビジネスを構築したいという思いの基本にある。水田さんは、ニューヨークの国連国際学校で「世界平和教育」を受けたことが原体験となって、日本でＮＰＯ活動を通じて教育の向上に貢献したいと考えるようになった。

中澤さんは、大学時代に友人とともにタイに旅行したことが、その後、途上国を支援する金融商品の開発に携わるモチベーションとなった。向江さんが最貧困層向けのビジネスを立ち上げたいと思ったのは、大学時代のアジア横断旅行だ。山本さんの自然災害に負けないインフラを構築したいという思いは、地震のないイギリスから日本に帰国したとき、地震が起きてとても怖かったという原体験に由来している。芳賀さんが電気自動車など最先端技術を活用するビジネスを志したのは、大学でテクノロジーの面白さに目覚めたためだ。

原体験ほどストーリーに説得力を持たせるものはない。その軸となっているのは自分の情熱だ。だからこそ、皆人生の目標を語るとき、ここからはじめている。情熱のはじまりがわかれば、あとは目標に向かって自分が何をしてきたかを選んで書けばいい。そのステップとして、ハーバードで学ぶことがいかに必要かを伝えるのだ。

ストーリーを語るときに重要なのは、はじまりとエンディングだ。そこを決めてしまえば、一貫したストーリーができあがる。そのストーリーの中で、自分は決して惰性で生きてきた人間でないことを伝えればいいのだ。

技術① 部分最適よりも全体最適

ハーバードが求めているのは、仕事、学業、コミュニティ活動のすべてにおいてバランスよく優れている人だ。つまり人間を「全体」で見る。応募書類を入学審査官が読み終わったときに「この受験生はこういう人だ」という肖像が浮かび上がってこなくてはならない。日本人受験者は、東日本大震災でのボランティア活動やコミュニティ活動はひけらかすものではないと思ってしまい、仕事のことばかり書く傾向にあるそうだ。しかし、そうした謙譲の美徳はハーバードの受験では評価されない。コミュニティ活動に参加しているのであれば、エッセイや履歴書に堂々と書けばいい。

二〇〇八年に2+2プログラムを受験した三宅さんは、どの質問にどのエピソードを入れるか試行錯誤しながら考え尽くしたという。

「ジグソーパズルを完成させるように、各エピソードを適切な質問に割り当てていきました。読み手のことを考えて、最初に幼少期のエピソードを持ってこようとか、この話はリーダーシップの質問のところに持ってこようとか、順番や答え方などを工夫しました」

湯浅さんの場合は、応募書類全体で何をどう伝えるか、を考え抜いた。応募書類一式で一パッケージとしてとらえ、このエピソードは推薦状でお願いしよう、このエピソードはエッセイで書こうなどと、割り振りも工夫した。

「僕たちが受験したときは、テストスコアの他に、エッセイ四つ、推薦状三通、基礎データ書類一つを書類選考のために提出する必要がありました。自分が伝えたいことを効果的に伝えられるように、推薦状を書いてくださる方には『こういうことを強調してくださいませんか』と事前にお願いしました」

三宅さんが言う「ジグソーパズル」がきちんと完成されているかどうかを確かめるには、他人に見てもらうのが最も適切だろう。客観的な目で見てもらって、人物像が読み手にきちんと伝わるか、確認する必要がある。特に日本で教育を受けた人は、「応募書類一式で一つのメッセージを伝える」「エッセイ全体で一つのストーリーを伝える」訓練を積む機会がなかなかないため、提出前に欧米の人に見てもらったほうがいいのだという。

日本人合格者は皆、提出前に専門のカウンセラーや友人などに読んでもらって、修正を繰り返している。森田さんにいたっては、五人ものネイティブの友人に読んでもらって、フィードバックを経て、何度も書き直したそうだ。

自分のことを自分で書くエッセイは、部分最適に陥りがちだ。ジグソーパズルのピースが足りない場合もあるだろう。読み手に自分の正しい姿が伝わっているか。それをつねに気にかけながら、自分のことでありながら他人の目で見るような気持ちで書くことが大切なのだ。

技術② 技巧を凝らすよりもシンプルに

ハーバードの入学審査官、ディー・レオポルド氏はウォール・ストリート・ジャーナル紙のインタビューで「最良の推薦状」について次のように述べている。

「動詞を多用している推薦状こそ、最も好ましい推薦状です。受験者のことを形容詞で伝えるのではなく、『彼・彼女はこれをやりました』と書いてある推薦状です」（ウォール・ストリー

ト・ジャーナル、二〇一二年三月一日付）
ハーバードが知りたいのは、受験者がリーダーとして何をやったか。推薦状でもエッセイでも、余分な形容詞やレトリックはいらないのである。
レオポルド氏は、応募書類に関する最も大きな間違いは、次の三つだという。

・技巧を凝らしすぎ
・考えすぎ
・凝りすぎ

「ハーバードのエッセイ審査は作文コンテストではありません。私たちがこういうことを知りたいだろうと考えをめぐらし、過度な技巧を凝らすのではなく、ストーリーがどうやったらうまく伝わるか、素直に考えてほしいのです」（ブルームバーグ・ビジネスウィーク誌、二〇一一年九月七日）

実際、筆者は合格者のエッセイを書籍などで拝見したことがあるが、日本の高校生でも十分理解できるぐらいの平易な文章で書かれていたのが印象的だった。何千という応募書類を読む入学審査官に、小説のような作文を送っても迷惑なだけだし、現実的に就職面接などで自分のことを語るのに、小説のような表現は使わないだろう。

どんな地味な内容でもいい。自分のストーリーをシンプルに、かつ具体的に伝えるのが重要なのだ。

技術③ 発音の美しさよりも伝えるコンテンツ

ここ数年、中国からの受験者が急増していることもあり、ハーバードの面接は上海で実施されている。二〇一四年二月の面接は、数年ぶりに日本と韓国在住の受験者向けに東京で行われたが、今回取材させていただいた合格者の方々は皆、上海で面接を受けた。

アジア在住の受験者の面接を担当しているのは、アイリーン・チャン氏。ハーバードの入学審査官を長年つとめている。

ハーバードの面接の評価基準は明確だ。

・ハーバードのクラスディスカッションに貢献できる人かどうか

ハーバードでは発言点が成績の半分を占める。その成績評価は、一クラス九十人のうち下位数人が毎年退学となるほど厳しいことで知られるが、入学審査官側としても、「発言できない人を入学させて、退学になった」という事態は、絶対に避けなくてはならない。TOEFLやGMATで高得点を獲得していても、実際にディスカッションできるかどうかは別問題だ。

ここで重要なのが、英語の発音やスピードは問わないということだ。ご存知のとおり、インド系、中国系、ラテン系など、出身国によって皆、英語のアクセントは違う。スピードについては、アメリカ人の中でも早い人と遅い人がいるように、千差万別だ。

どんなにゆっくりでも、どんなにアクセントが独特でも、言葉の順番が少しぐらい違っていても、伝わればいいのである。その伝える力を確かめるために、百戦錬磨のチャン氏が議論を仕掛けてくることもある。

湯浅さんは、この合格基準を理解した上で、徹底的に準備をして面接に臨んだ。

「自分はこう思うというように、しっかりポジションをとって話すようにしました。日本人はどちらかというと、賛成や反対のポジションをとるのが苦手なのですが、それではディスカッションになりません。また、聞かれた質問に対して、うーんと考えたりしないで、すぐに返答するようにしました。実際のクラスディスカッションでは、悠長に考える時間などないからです」

チャン氏の質問は「WHY?」が多いことでも知られる。湯浅さんは、チャン氏が履歴書を見ながらWHY質問をたくさんしたことを覚えている。

「なぜスイスの学校に通ったのか、なぜオハイオに行ったのか、なぜＫＰＭＧに転職したのかなど、行動の動機を多く質問されました。自分の行動を人に説明できるか見ていたのかもしれません」

同じようにＷＨＹ質問を聞かれたのは、中澤さんだ。

「なぜ日本の大学に進学したのか、なぜ大和証券を選んだのか、なぜ社費で留学することにしたのかについて聞かれました」

ＷＨＹとともによく聞かれるのは、「〇〇って何？」「××って知らないわ。説明して」という質問だ。必ず知っているはずなのに、あえて「知らないわ」と言われることもあるという。

森田さんは金融業界の専門用語について説明するよう求められた。

「自分の知っていることを相手にわかりやすく説明できるか、教えられるかを確認しているように感じました」

水田さんも付け加える。

「『日本の消費者は細部にこだわるというけれど、他の国の人たちと比べて本当に明確な差があるの？　どうしてそれがわかるの？』と聞かれ、自分が当たり前と思っているようなことを端的に説明できるか、問われているように思いました」

ハーバードのディスカッションに貢献するには、自分の経験や専門知識を最大限に活用しなくてはならない。それらがあっても、的確に「表現」できなければ、まったく意味がない。だからこそ、発言力と説明能力を厳しく面接で確認するのだ。

技術④　局所論よりも大局論

ハーバードのディスカッションに貢献するために、社費留学生が特に問われるのが、自分の会社を客観的に見られるかどうかだ。

社費留学生のほとんどが、大学卒業後、同じ会社でしか働いたことがなく、しかも日本からの留学生は、五、六年働いてからようやく留学生に選ばれるケースが多い。そうすると、その会社のカルチャーや業界のルールに染まりきってしまい、自社を客観的に見て「ここを変えたい」と思う意識も薄れてしまう傾向にある。

そこで、ハーバードの面接官がよく仕掛けるのが、受験者の所属会社についてのケースディスカッションだ。三菱商事の芳賀さんが覚えているのが、次のような質問だった。

・三菱商事にとっての脅威は何か
・その脅威に三菱商事はどう対処するのか
・自動車事業本部の販売戦略についてどう思うか
・三菱商事など商社のビジネスモデルについては、世界的にさまざまな意見があるが、あなたはどう思うか

・三菱商事はソーシャルメディア全盛の時代変化にどのように向き合っているか

芳賀さんの場合は、自社の戦略について、所属部門に限らず幅広く興味を持ち、情報収集していたことが功を奏した。しかし、それでも、いくつかの質問はまったくの想定外だった。

「面接の後半で、矢継ぎ早に三菱商事についてのディスカッションがはじまったので、内心戸惑いました。度胸と英語力も含めたコミュニケーション力をその場で試していたのではないかと思います」

同じように、商社のビジネスについて議論を仕掛けられたのは、三井物産の向江さんだ。

・商社で働くことの意味をあなただったらどう説明する？
・利益が大きいが社会的意義はあまりないビジネスと、利益は小さいが社会的意義は大きいビジネス。商社はどっちを選ぶのか
・最貧困層のビジネスを商社がやる意味は？

向江さんは、事前に準備をしていたものの、ここまでの議論は想定していなかったという。

ハーバードでは、一クラス九十人中、日本人は一人しかいない。自分の会社のみならず、日本企業についてはすべて日本代表として発言する義務がある。ハーバードが求めているのは、

社費留学生に選ばれるほどの社内優等生でありながらも、その中に染まりきらずに経営者的な視点で大局的に自社を見て、日本企業にイノベーションを起こせる人なのだ。

第五章

ハーバードが求める人物像

ハーバード大学経営大学院は、世界で最も合格するのが難しいと言われる。その理由は、繰り返しになるが、ハーバードの合格基準が三つの能力をすべて足した「総合力」だからだ。

1　リーダーシップ力（Habit of Leadership）
2　分析力と分析欲（Analytical Aptitude and Appetite）
3　コミュニティへの貢献力（Engaged Community Citizenship）

この三つの能力を持つと判断された人たちは、どういう環境で育ち、どのように能力を身につけたのか。合格者に共通して見られる特性をまとめてみた。読者の皆さんの多くが、子どもを育てていたり、部下を育てていたり、学生に教えていたりして、何らかの形で人材の育成に関わっていらっしゃると思う。ハーバードの学生の特性は、世界を変革するグローバルリーダー候補として選ばれた人たちの特性である。日本が今後、どういう人材を育成していけばいいのかについて、何らかの示唆が得られればと願う。

大学までに英語環境を体感する

日本人がハーバードに合格するかどうかの大きな決め手は、英語でのディスカッション力だ。テストの点数やリーダーシップ体験では遜色のない人でも、面接でディスカッション力を問われ、落とされることも多々ある。では、ハーバードの日本人合格者は、その英語でのディスカッション力をどこで身につけたのか？

探っていくと、三菱商事の芳賀さんは例外として、合格者のほぼ全員がおそくとも高校までに海外で英語を身につけたことがわかる。左記が九名の出身高校（留学先高校）だ。

・中澤さん　米・テイツ・クリーク高校（小、中、高はアメリカ）
・向江さん　渋谷教育学園幕張高校（小、中はアメリカ）
・山本さん　英・立教英国学院（小、中、高はイギリス）
・杉田さん　広島女学院高校／米・アーリントン高校（YFUプログラム）
・湯浅さん　スイス公文学園高等部
・水田さん　桐朋女子高校（小はアメリカ）
・森田さん　筑波大学附属高校／米・バンゴール高校（AFSプログラム）
・三宅さん　東京学芸大学附属高校／加・ピアソン・カレッジ高校（UWCプログラム、小はイギ

リス）

・芳賀さん　麻布学園麻布高校

このうち、幼少時を除いて、英語であまり苦労しなかったというのは、中澤さん、向江さん、山本さん、水田さん、三宅さんだ。小中学校時代に現地校に通ってはじめてネイティブ並みの英語力が身につくことがわかる。それ以外の方々は、ほとんどが高校留学だ。

何だ、結局、海外赴任するような親か、留学費用を出してくれるような親のもとに生まれないとハーバードに入るのは無理ではないか、という意見もあるだろうが、杉田さん、森田さんのように自分で奨学金を獲得して日本を飛び出し、高校留学した人たちもいる。親の財力よりも、子の意志が重要なのだ。そして、彼・彼女たちが現地で人の何倍も努力をして英語を身につけたことを忘れてはならない。

もちろん、芳賀さんのように、英語圏で教育を受けなくても、日本の英語塾で必死に英語力を磨き、ハーバードに合格する人はいる。しかし、他の皆さんの経歴を見る限り、芳賀さんのケースは例外中の例外とも言える。

ハーバードのディスカッションについていくには、通常の英語力だけではなく、論理的に自分の意見を言える能力も身につけている必要がある。一般的な日本人の若者がその能力を日本国内で身につけるのは、かなり難しいと言わざるをえない。

これは何も日本人合格者に限ったことではなく、他のアジア系の留学生も皆、アメリカで育っていたり、英語圏に留学していたりする人たちばかりだ。ハーバードが要求するような英語力を身につけたいのであれば、早めに英語圏に留学を、というのが、取材して見えてきた現実なのだ。

説明能力を幼少期に鍛える

ハーバードが最も重視する物事を論理的に説明する能力。これを合格者はどのように身につけたのだろうか。欧米の学校で身につけたと言う人が多かったが、それに加えて、家庭の教育の影響が大きかったと語ってくれた人もいた。

たとえば、三宅さんの家には、幼少期から、どんな些細《ささい》なことでも論理を通すことを重んじる家風があったという。

通常、子どもがおもちゃ屋さんで「おもちゃが欲しい!」と言ったら、親はどうするだろうか? 「ダメー! うちにはそんなお金ないの!」「このあいだも同じようなのを買ったでしょ!」と言うのが関の山ではないだろうか。

ところが、三宅家のルールではこうなる。

「このおもちゃが欲しい!」

「どうして?」

「だって、みんなが持っているから!」

「みんなって誰のこと?」


つまり、みんなが持っているから欲しいでは理由にはならない。自分がなぜそのおもちゃを欲しいのか、自分なりの理由を言って、親を説得できないと買ってもらえなかったという。

同じように、「子どもにもロジックを求める家で育った」と言うのは森田さんだ。英語の同時通訳者の母親のもと、幼いころから英語とともに論理力を鍛えられた。森田さんが小学生のときの会話は次のような感じだ。三宅家と似ていることに驚く。


「友だちと○○へ遊びに行きたいの」

「どうして?」

「だって、みんな行くから」

「みんなって誰?」

「どうして今日なの?」

「何をするために行くの? 目的は?」(以下、矢継ぎ早に質問が続く)

「家族間で、空気を読んで理解してよ、という感じはありませんでした。何でも論理的に説明しなくてはいけなかったですね」

水田さんも、異文化コミュニケーションの専門家である母親の影響もあり、日本語と英語、両方の言語で自分の意見を発表するスキルを学んだ。五歳で渡米し、アメリカの学校に通いはじめたころ、博士論文の執筆で忙しい母親の肩をもみながら、こんな会話をしたのを、今でも覚えている。

「どうして、アメリカの学校のお友達には、当たり前のことまでいちいち説明しないと伝わらないの？」

「ママとさえちゃん、日本社会とさえちゃんは、今まで共有してきたことがたくさんあって、『ハイコンテクスト』をつくっているから、全部説明しなくても伝わっちゃうのよ。でも、アメリカのお友達とは、共有してきたものがまだ少ないでしょ。だから、説明しないといけないの。お友達に何かを説明するときは、相手に合わせて説明するのが大事ね」

ハイコンテクストとは「密度の濃い共有文脈」という専門用語であるということを知ったのは後のことだったそうだが、幼い子どもが何気なく聞いた質問に対しても、丁寧に論理的に説明していることがわかる。水田さんが、日本語でも英語でもプレゼンテーションが得意なのは、相手に合わせて説明することの大切さを母親から学んだからだという。

親が丁寧に子どもとコミュニケーションをとることが、ハーバードに通用する論理力を身につけるのに役に立つとは意外な発見だった。

子どもに「なぜ?」「どうして?」を聞きつづけること、そして、「なぜ?」と聞かれたら丁寧に説明することは、論理力、説明力を鍛えることにつながるようだ。

ニュースに登場する人になる

今回取材させていただいた方々に共通している点として、その活動がニュースなどに取り上げられ、記録に残っているということがある。

日米学生会議での活動記録、アメリカの大学の学生団体での活動記録、トライアスロン大会の記録、成績優秀者として表彰された記録、あるいは若手社員の代表として取材された記事、社会人になってからの社会貢献活動を特集された記事など、枚挙にいとまがない。

取り上げているメディアは、アメリカの大学新聞から日本の大手雑誌までさまざまだが、合格者の皆さんの名前を日本語と英語で検索すると、とにかく多くの結果がヒットする。それぐらい、皆「ニュースな」人たちなのだ。

筆者はマスコミ業界出身なので、コロンビア大学の面接で受験者がこうした日本のメディアに取り上げられた経験があると、必ず「素晴らしい実績」として報告することにしている。すると、大学からは、「その情報は応募書類のどこにも強調して書いていなかったので、合否を判断するのにとても役に立った」とフィードバックをもらうことが多々ある。

メディアの大小にかかわらず、世の中から認められた記録は、ハーバードを受験する上で大きな武器となることは間違いない。

これと同じように、ハーバードの合格者に多いのが奨学生だ。杉田さんと水田さんはフルブライト奨学生だし、その他の私費留学生も何らかの奨学金をもらっている人が多いと聞く。

特にフルブライト奨学金は、一九四六年から続く歴史あるプログラムで、日本人ノーベル賞受賞者を多く輩出してきたことで知られる。フルブライトの選考に合格した人は、ある意味アメリカ政府からお墨付きをもらったことにもなり、入学審査でも一目置かれる。

メディアであれ、奨学金であれ、入学試験や採用試験を受ける前に「選ばれた人」になっておくことは、合格へと近づく一歩になることは間違いない。

ワークハード、プレイハード

ハーバードの合格者を取材していて、筆者が何度も聞いたことがある。それは、「どうやって、これだけのことを達成する時間を見つけたの？」という質問だ。

彼らの履歴書を振り返れば、大学時代はボランティアをやって、スポーツもやって、学生団体の仕事もして、アルバイトもやって、なおかつ成績優秀。社会人になってからも、社会貢献活動をやって、仕事もきっちりやってエリート社員となり、なおかつ受験勉強も完璧にこなす……。

三菱商事の芳賀さんは、二つのことを同時にやるのが昔から得意だったと語る。

「わかりやすい例で言うと、受験中は子どもを背負ってあやしながら、GMAT試験の英単語を覚えたりしていました。重要な仕事については『夜遅くまで納得いくまで話し合う』など身を削って努力するタイプですが、その他のことは集中して効率よくやりたいタイプです」

湯浅さんは、仕事と遊びのメリハリをつけるのがハーバードの学生の特徴だと話す。

「さっきまでパーティーで大騒ぎしていた同級生が、その数時間後、夜中や早朝に図書館で勉強している姿をよく見ます。『ワークハード、プレイハード』と言いますが、遊びも勉強も全力投球する人が多いと思います」

ハーバードの学生は、努力を表に見せないのだという。

「努力する習慣が身についているストイックな人が多いですよね。しかも、その努力を他人に見せない。勉強なんかしていないように見えて、裏で皆、ものすごく地道な努力をしています」

そう言う湯浅さんも、ハーバードでは分刻みのスケジュールをこなしている。

【湯浅さんの典型的な一日】

午前六時　起床。授業の予習
午前八時　ディスカッショングループ六人で集まり、授業の予習
午前九時　授業
午後零時　ランチミーティング
午後一時　授業
午後三時　実習ミーティング
午後五時　クラブ活動
午後七時半　夕食
午後十時　授業の予習

このレギュラースケジュールに加えて、採用面接やパーティーなどのイベントが入ってくる。いくらハーバードの学生でもすべてを完璧にこなすのは無理。そのあたりの優先順位の付け方も、彼らはとてもうまいと湯浅さんは語る。

「せっかくの二年間、すべてを学業に捧げて成績優秀で卒業するよりも、家族との時間を優先したいという人もいます。あるいは授業でも、力を入れている授業と、そうでない授業で差をつけている人もいます」

日本人留学生に、「これまでの人生で試験前に徹夜をしたことがあるか」と聞いたところ、

全員が徹夜はしたことがないという答えだった。三宅さんにいたっては、睡眠時間をあえて増やすとのことだった。

「試験前は夜十時から朝六時まで寝て、睡眠時間を増やしますね。生活リズムがくずれるのは試験の結果に悪影響をおよぼしますから」

規則正しい生活を送り、遊びも勉強も集中してやるときはやる。簡単なことのようだが、普通の人はなかなかできないのも現実だ。

濃い経験を積み「バランスのとれている人」を目指す

「ハーバードの同級生を一言で表現すると、どういう人になる?」

この質問を日本人留学生にしたところ、「すべてにおいてバランスのとれている人」と答えた人が多かった。

「頭がよくて、性格もよくて、コミュニケーション能力も高い。こんなにそろっていてずるいわ! と思うような人がたくさんいますね」

と言うのは水田さん。ハーバードの学生といえば、かつては鼻持ちならないお金持ちのエリートというイメージが強かったが、現在は変わってきているようだ。

「雰囲気が柔らかい人が多いですよ。ハーバードの卒業生はただでさえ『エリート中のエリート』と世間からは厳しい目で見られますから、今の学長になってから、バランスのとれた人格を重視して合格させているのかもしれませんね」

　中澤さんも付け加える。

「これだけバランスのとれた人たちなら、起業でも、ＮＰＯの立ち上げでも、何をやっても成功する人が多いだろうなと思います。ものすごく親しみやすい雰囲気ですし、ハートも温かい。パーティーではめをはずすときは、徹底してはめをはずす。すべてがそろっている人というのは、こういう人たちのことなのかなと思います」

　芳賀さんは、ハーバードの人たちは人間としての成熟度が違うと言う。

「ハーバードの学生は全体的に若いですが、すでに人間的に成熟している感じです。それまでの人生で起業やコミュニティ活動など、濃い経験を積んでいるからだと思います」

「濃い経験」とは言い得て妙だ。たしかにハーバードの学生は十代や二十代で、人の二倍も三倍も多く経験を積んでいる印象がある。

　アメリカのトップの経営大学院に入学してくる人の中には、一芸に秀でている人も多い。中には天才肌のとんがっている人もいる。しかし、ハーバードの場合は、一芸に秀でているよりも、バランスのとれている人を入学させる傾向にあるようだ。

完璧ではない自分を受け入れる

　ハーバードに合格するには、学力もリーダーシップ能力も、そして人格も、何もかも卓越した人でなくてはならないと思うだろう。

しかし、何もかも完璧な人など、世の中にはいない。ハーバードの合否は受験者の「総合力」で判断されるわけだから、学力が他の人より劣っていても、他の何かで挽回することができれば、十分合格できる可能性はある。

今回取材した日本人留学生に、「本当に皆さん、何もかも完璧ですね」と言うと、「いや、そんなことないですよ」と、さまざまなエピソードを語ってくれた人もいた。

「私、忘れ物も多いし、右足と左足で違う靴をはいて外出してしまうこともあるような人間なんですよ」

と言うのは山本さんだ。

「失敗したときに、日立の同僚から『しっかりしていそうで、意外に抜けていることが多いね』と笑いながら言われたこともありました」

向江さんは、自分は目標に向かって走っていない時期は「ダメダメ人間」だったと振り返る。

「三井物産に入社してから二〜三年、エネルギーの低い時期もありました。その時期は、日々の業務をこなしているだけという感じで、なんとなく悶々《もんもん》としながら何も行動を起こしませんでした。あのころの僕は社会人失格だったなと思います」

逆に、目標ができると、ラクロスでも、トライアスロンでも、仕事でも、それに向かって猪突猛進することができるのだという。ダメな時期から脱するきっかけをつくってくれたのは、仲間や先輩だった。

こういう話を聞くと、「ハーバードの合格者も普通の人だったのか」とほっとする。

ハーバードの人が完璧に見えるのは、「完璧に見えるように、たゆまぬ努力をしている」からだ。つまり自分のダメな部分をきちんと理解した上で、そういうところはあえて外から見えないようにする。エッセイや面接で「失敗談」や「弱点」を聞かれても、それをプラスに見せる技術を努力して身につけている。

ハーバードの入学審査官だって、完璧な人などこの世にいないことは百も承知だ。だからこそ、総合力で合否を判断するのだ。

内気な自分を努力で乗り越える

ハーバードが欲しいのは、世の中をよりよく変えてくれるリーダー候補。スティーブ・ジョブズのような強烈な個性を持つカリスマ的な人たちが合格するのだろうと思われがちだ。

たしかに、履歴書だけ見れば非の打ちどころがない人ばかり。きっと生まれながらにしてカリスマ性を持っているような人たちばかりなのだろうと想像する。

もちろん、そういう人も入学しているが、実際、ハーバードで学生の方々にお会いしてみると、日本人に限らず、皆さん、思ったより「普通」だ。いわゆる「変わっている人」「とんがっている人」の割合は、他の学校に比べて少ないのではないかと思うぐらいだ。英語を話すピードが総じて早いのが特徴だが、その口調はきわめて穏やかだ。

発言しないと生存できないハーバードでは、皆が皆、おしゃべりかというとそうでもない。実際、普段は寡黙だが、ここぞというところで的を射た発言をするタイプの学生もいるし、「かつては内気だった」という人も数多くいる。

ハーバードの日本人会の会長として、日本人コミュニティの間でリーダーシップを発揮している湯浅さんは、アメリカの大学に進学した当初は「内気な学生だった」と言う。今の湯浅さんからは想像もできない。

「十八歳で入学した当初は、英語もネイティブのようには話せず、友達もできず、とにかく辛かったですよ。最初の一学期目が終わってからようやく授業で話している内容がわかるようになってきて、外向的な性格に変わってきました」

森田さんも、AFS奨学生だった両親に触発されて、アメリカの高校に留学したのはいいものの、英語がわからず、しくしくと泣いたこともあった。

「私にも暗かった時期はありましたよ。でもその時期に人の三倍努力して、英語をマスターしました。これは、大学時代にも言えることですが、とにかく努力を続けていると、結果が成績となって返ってきます。そこから世界がどんどん広がってきたのです」

逆境の時期があっても、その時期を乗り越えれば糧《かて》となる。たとえ今も内気であっても、简潔に自分の意見を発言することさえできれば授業に十分貢献できる。実際、ハーバードの学生を見ても、パーティーやイベントに参加しまくっている人もいれば、そういったグループとは距離を置いて家族と静かに過ごしている人もいて、外向的か内向的かは、あまり関係ないことがわかる。

ハーバードを含め、経営大学院では、リーダーシップの授業で「内気な人はリーダーになれないのか」という問題がよく議題にのぼる。答えは、「誰でも努力すればリーダーになれる」。内気な人は、相手から信頼されやすいという内気な人なりの強みがあり、それを生かしたリーダーシップをとればいいと教えている。

ミッションを持って人生を歩む

ハーバード合格基準の三つのうちの一つに掲げられている「コミュニティへの貢献力」は、欧米の大学の合格基準に特有のものだ。テストの点数で合否が決まることに慣れている日本人には、この合格基準が最もわかりづらいかもしれない。

コミュニティ活動とは、簡単に言うと、会社と家庭以外に関わる活動のことだ。NPO、地域の青年団、スポーツチーム、ワインテイスティングの会など、何でもいい。履歴書に書くのはボランティア活動が最も説得力があっていいと言われているが、必ずしも立派な社会貢献活動でなくともよい。「仕事人間」でないことを示せればいいのだ。欧米では、仕事以外でも積極的にリーダーシップをとって活動できる人が「よき市民」であると考えられている。

向江さんは、ハーバードで自身と同じようにコミュニティ活動に積極的に取り組んでいる人が多いことに、とても共感するという。

「『よき市民』であろうと、ミッションを持って人生を歩んでいる印象を受けます。自分の人生は自分でコントロールしようとする意識の高さにも刺激を受けますね」

たしかに、今回ハーバードの学生を取材して驚いたのは、並外れた行動力だ。

筆者が受験したころは、ハーバードには学力が特に優れている人が集まっているという印象があったが、現在はコミュニティ活動においても際立っていないと合格できないことがわかる。

ミッションを持って人生を歩んでいると、そのミッションを達成するためであれば、人の何倍もの努力もいとわない。ハーバードの人たちの行動力の源泉は、この「よき市民」を目指す生き方にあるのではないかと向江さんは見る。

コミュニティに貢献できる人間であるためには、他人をリスペクトし、他人の意見に対してもオープンな姿勢をとる必要がある。杉田さんによれば、ハーバードの人たちは、人の態度や意見を乱暴に否定するようなことはしないという。

「日本では『これだからこの政治家はダメなんだ』とダメ出しする人が多いですよね。でもハーバードの同級生はそういうふうには言いません。ダメ出しは何の価値も生まないからです。

『この政治家の活動について僕は反対だ。自分ならこうする』と言うのです」

日本に帰国すると、杉田さんは、物事を後ろ向きに見てダメ出ししてしまう風潮が、ハーバードとは大きく異なることに気づくという。

「毎日のように『勇気を持って世界を変えろ』と教育されると、失敗しても何とかなるのではないかと思うようになります。何事も最初から否定してしまわないで前向きにとらえるのは、ハーバードの同級生に共通した特徴だと思います」

学生だけではない。ハーバードの教授も、学生の意見を決して否定したりはしない。ノーと言わないことが社会にイノベーションを起こし、よりよい社会をつくることのスタートになると信じられているからだ。

「よき市民」としてミッションを持って生きている人かどうか。もしかしたら、これが最も重要な合格基準かもしれない。

第六章

ハーバードが実現するダイバーシティ

本書では、日本人合格者への取材をもとに、どんなリーダーシップ経験をどのように伝えればグローバル組織では評価されるのかについて述べてきた。

最後に、ハーバードの合格基準を決めている入学審査官に、あらためて審査基準についての正しい情報を伝えてもらおうと思う。

そこで、ハーバード大学経営大学院のMBAアドミッション&フィナンシャルエイド部門を統括するマネージング・ディレクター、ディー・レオポルド氏（Dee Leopold）に、直接、話を伺うことにした。

レオポルド氏は、一九八〇年にハーバード大学経営大学院を卒業後、三十年以上にわたってハーバードの入学審査官をつとめてきた。二〇〇六年からは、MBAアドミッション部門（入学選考部門）のトップに就任。新しい入学プログラムをはじめるなど、さまざまな改革の陣頭指揮をとっている。

インタビューでは、書類選考、面接の過程で、実際、どんな基準で合格者を選んでいるのかを率直に聞いた。そこで彼女が語ってくれたのは、世界で最も刺激的で、多様な個性にあふれたクラスをつくることへの情熱だった。

TOEFLとGMATの点数で足切りはしない

――ハーバードの合格基準については、多くの誤解や思い込みが受験生の間で広がっているように思います。その最たるものが、「TOEFLとGMATの試験で満点に近い高得点を獲得しないとハーバードには合格しない」という噂です。これは事実でしょうか？

レオポルド氏：（以下、答えはすべてレオポルド氏）

まずTOEFLについてお答えしましょう。

ハーバードがケースメソッドという教授法を採用しているのはご存知だと思います。ケースメソッドはハーバード独自の教授法です（注・実際に企業で起こった事例＝ケースをもとに、クラス全員で議論する教授法）。他の経営大学院でも使っていますが、ハーバードで実践している教授法とは少し異なると思います。この教授法は他の学校では体験できません。教授陣がここで教えたいと思うのは、ケースメソッドに魅力を感じているからです。

ケースメソッドを採用しているハーバードでは、一クラス九十人の学生一人ひとりが、すべての授業でディスカッションに参加し、さらにそのディスカッションを盛り上げていくことが求められます。そのために、**完璧かつ流暢な英語を話すことは、必須条件**なのです。

ハーバードの授業は、ただ座って教授の話を聞いていればいいといった伝統的な講義形式の授業とはまったく違います。一般的な講義形式の授業では、英語をそれほど流暢に話せない学生であっても、授業についていくこともできるでしょう。講義を聞くうちに教授の声、アクセント、話し方のリズムに慣れていけばいいのですから。しかし、ハーバードでは、教授の英語を理解するだけでは、授業に参加さえできないのです。

ハーバードの学生は、自分以外の八十九人の学生が次々と矢継ぎ早に発言する中で、議論の流れについていき、なおかつその内容に貢献しなければなりません。頭の中で自分の母国語に翻訳して理解して、それをまた英語に翻訳して……という過程を踏んでいては、授業についていくことができないのです。

私たちが「TOEFL一〇九点」を英語力の基準として明記しているのは、ハーバードの授業に貢献できる英語力の目安はこのぐらいですよ、ということを受験者に伝えるためです。しかし、これはあくまで目安であって、一〇九点以下だから応募資格がないとか、一〇九点以上だから絶対大丈夫という意味ではありません。**私たちは足切りをしませんし、一〇九点以上の点数がハーバードの求める英語力を満たしていることの証明になるとも考えていません。**

そのために、私たちは面接を実施します。クラスのディスカッションを盛り上げてくれる人かどうか、英語力を含め、面接で評価をするわけです。

他の経営大学院と違って、ハーバードは、入学審査委員会を代表して、入学審査官が、すべての書類合格者を対象に直接面接を実施します。入学審査官は、毎年、膨大な数の受験者に会っているため、その蓄積された経験を基に、英語力の評価をすることができます。日本人受験者を対象に、東京で面接を実施することもありますよ。

――GMATの点数についてはいかがでしょう?

まずハーバードを受験するにあたっては、GMATだけではなくGREの点数も有効であることを念のため、お伝えしておきます。どちらを提出していただいてもよく、どちらが有利ということはありません。

GMATを例にご説明すると、総合点（八〇〇点満点）よりも、各教科別の点数（英語と数学）を注目して見ています。英語がネイティブでない受験生であれば、英語（Verbal）のスコアを特に見ます。

数学の点数については、全員、必ずチェックしています。「この受験者はハーバードの定量的、分析的な授業についていける」と私たちが自信を持って言えるかを確認するためです。ただし、この数学力については、GMATの点数だけではなく、大学時代の専攻や社会人になってからの職務経験などと総合して判断します。

GMATの点数に関しては、合格者の点数の幅を発表していますが、TOEFLの点数と同様、**GMATの点数で足切りを実施することはありません。すべての受験者は個別に審査され**

ます。同じ点数を獲得した受験者の中でも、ある受験者は「この経歴で、この点数は高いな」と評価され、別の受験者は「この経歴では、それほど高くないな」と評価されることもあります。

「GMATで何点とらなくては、ハーバードに入れない」ということが、受験生の間で話題にされるようですが、これは間違った認識です。なぜなら、合格者の点数には、上から下までばらつきがあるからです（注・二〇一三年入学者は五五〇点から七八〇点）。同時に、「この点数以上とっていればハーバードに合格する」というのも、また間違った認識であることも付け加えておきます。

よい推薦状は動詞であふれている

――推薦状について、ウォール・ストリート・ジャーナル紙のインタビューで「よい推薦状は動詞であふれている」と答えていたのが印象的でした。形容詞ではなく、動詞なのはなぜですか。

私たちが受験者に推薦状を提出してもらうのは、受験者を別の人の視点からも見て、よりよく理解したいからです。推薦者は、受験者と一緒に仕事をした、あるいは一緒に場を共有した人が望ましいですね。受験者が実際に行動しているところをその目で見た人です。こうした推薦者からの情報は、受験者の能力を知る上でとても有効です。なぜなら私たちが受験者のことをよりよく知るために実施する面接の時間は三十分しかないからです。

推薦状に「動詞」を多用してほしい理由についてですが、たとえば、ここに同席しているジム（注・広報・メディア部門ディレクターのジム・アイズナー氏）が受験者だとして、私がジムの推薦者だとしましょう。ジムのことを「頭脳明晰で、忠誠心にあふれ、面白くて頭が切れる人だ」と書いたとします。**この上なく肯定的に賞賛する言葉が並んでいますが、それではジムが実際にはどういう人なのか、さっぱりわかりません。**そうではなく、「ジムは、こんなプロジェクトで、こういうふうにリーダーシップをとった」と書いたらどうでしょう。「そのプロジェクトでは、こんな出来事があって、ジムはそのときこういう行動をして、プロジェクトに貢献した」と伝えれば、**ジムがどんな人か、その姿が生き生きと浮かび上がってきます**よね。

エッセイ審査は作文コンテストではない

──課題エッセイについては、二〇一三年よりオプション（提出してもしなくてもよい）になりました。エッセイの作成について、受験者にどのようなアドバイスをしますか。

現在、ハーバードの課題エッセイの問題は、たった一つです。

あなたはハーバード大学経営大学院を受験するために、履歴書、大学時代の成績、課外活動、受賞歴、MBA取得後の目標、テストスコア、そして、推薦状を提出していますが、その他に、あなたを入学候補者として検討するために知っておいてほしいことは何ですか?（単語数制限なし）

この設問に正解はありません。文字通り、このエッセイはオプションであり、目的は、受験者に、入学審査官に追加で知っておいてほしいことを伝える機会を与えることです。ある受験者にとってはプライベートの話かもしれないし、ある受験者にとっては仕事の話かもしれない。あるいは、プライベートと仕事の両方かもしれないし、まったく他のことかもしれない。**この設問には正解も模範解答もなく、合格エッセイのフォーマットもチェックリストもない**ことを明確にしておきたいと思います。私たちはそういう基準でエッセイを読んだり、人を判断したりしないのです。

——課題エッセイについては、以前、「ハーバードのエッセイ審査は作文コンテストではない」とおっしゃっていましたね。

そのとおりです。**ハーバードは、リーダーシップ能力のある人を見出し、彼らがリーダーと**

して世に出て、世界を変革することを支援する学校です。エッセイをたくさん書けば書くほど、リーダーとして世界や組織に大きな影響を与えられるでしょうか。私はそんなことを証明するような研究を、見たことがありません。

——ところで、なぜ課題エッセイの設問を毎年減らし続け、現在はたったの一問にしてしまったのでしょうか。

私がハーバードを受験したときの話をしましょうか。私がその昔、受験したときは、エッセイを八つも書かなくてはいけなかったのです。エッセイを書くのに、ものすごく時間と労力を使いました。しかし、当時はハーバードを受験している最中は、入学審査官にも誰にも会う機会はなく（注・当時は面接試験がなかった）、入学審査官が私や他の受験者のことを理解する手段は、エッセイしかありませんでした。

現在は面接試験がありますから、すべての書類選考の合格者に実際に会って、その人のことを知ることができます。**私たちが直接、入学候補者に会えるのですから、エッセイを山ほど書いてもらう必要はない**と考えています。エッセイは、受験者が私たちに自分のことについて伝える機会を与えるためのものですが、あくまでも、他の応募書類と同様に、**「応募書類の一つ」として考慮されるべきもの**です。

合格者を絞り込む過程を補足しておきますが、私たちは毎年九千人ほどの受験者から応募書類を受け取ります。書類選考で千八百人程度まで絞り込み、千八百人全員を私たちが直接面接します。その中から千人に合格通知を出し、九百人が入学してきます。

面接評価にフォーマットはない

——ハーバードの面接は、他の経営大学院とは違うとおっしゃっていました。面接では特に受験者のどういうところに注目しますか。

ハーバードの面接の目的は、授業とコミュニティの両方に積極的に貢献してくれる人かどうかを評価することです。

エッセイについて述べたことの繰り返しになりますが、面接での評価にチェックリストもテンプレートもありません。それよりも、三十分の面接が終わったときに、受験者のほうは自分のことをきちんと伝えられたと感じ、私たちのほうは受験者のことをよりよく理解できたと確信する——そういう面接が実施できるように、心がけています。

日本人合格者は何人と決まっていない

——日本人受験者についてお伺いします。日本人合格者数は減っていて、二〇一三年の入学者は五人しかいません。日本人受験者にとって、合格が難しくなっているのは、なぜでしょうか。

人数が五人だからといって、難しくなっているとは必ずしも言えないのではないでしょうか。私たちは、およそ七十ヵ国の出身者からなる国際的な学生構成をつくりあげてきました。その方針はこれからも変わりません。ですから、**スウェーデンから何人、日本から何人、インドから何人と出身国別に合格者人数を決めているわけではない**のです。一つのクラスが、できるだけ多くの国の出身者の集合体となるようにクラス全体のバランスは見ていますが、その結果、**日本人受験者にとって合格が難しくなっているとは言えない**と思います。

——日本人受験者が増えれば、日本人合格者数も増えるでしょうか。

そういう法則もないのです。九千人の受験者全体の構成を見て、出身国別に合格者数を決めていくということはしないのです。ハーバードには、非常に多くの優秀な受験者が応募してきます。

私の仕事は、多様性と好奇心にあふれたクラスをつくることです。それが、ハーバードの保証であり、価値であるからです。

ハーバードの授業で議論に参加すると、毎回、「そんな考え方があるなんて思いもしなかった」という気づきが得られます。多様な経歴を持つクラスメートがいるからこそ、自分とは違う考え方や発言に触れることができるのです。

ですから、**できる限り多様な経歴の人たちを集めるという目的はあっても、合格者を選ぶのにテンプレートもないし、規則もない**のです。私たちは、決められた基準で機械的に合格者を選んでいるわけではありません。

出身大学はもっと多様にしたい

――合格者の出身大学についてお伺いします。日本では、「ハーバードの合格者はハーバード大学出身者か、アイビーリーグなどのブランド校の出身者に違いない」と思われがちです。出身大学の名前やブランドはどの程度重要なのでしょうか。

出身大学が合格者決定の要素になるとは言えないと思います。現在、ハーバードの一年生九百人の出身大学は、二百七十校にも及びます。私たちは、これを二百七十から、さらに三百まで増やしたいと考えています。その事実が物語っているとおり、受験者を出身大学に分けて審査したりはしないのです。とても古いやり方ですが、私たちは一人ひとり、ケースバイケースで、個別に審査するのです。

そして、もう一つ付け加えたいのですが、出身大学の名前よりも、私たちにとって、はるかに重要なことがあります。それは、**受験者が、大学時代をどのように主体的に過ごしたかです。自分自身にチャレンジしたか、難しい授業に挑戦したか、大学時代の経験を人生の中でどう総括するか。**こうしたことを、私たちは面接で聞くのです。

2＋2は現役大学生へのメッセージ

——2＋2《ツープラスツー》プログラムについてお伺いします。このプログラムを開始した目的は何でしょうか。

2＋2プログラムは、大学三年生が卒業後の進路を決断するときに、ハーバードでMBAを取得することの価値を考慮してもらうためにはじめた入学プログラムです。ご存知のとおり、ハーバードの学生には、四年制大学からストレートで進学してきた人は一人もいません。フルタイムの就業経験があることが必須となっています。

ですから2＋2プログラムの受験者は、大学三年生の終わり（大学四年生時）に応募し、合格したら、「卒業して二年後にハーバードに入学する資格」が与えられます。つまり、在学中に合格しても就業経験を積んでもらうために、入学が自動的に延期されるプログラムです。

入学するまでの二年間の仕事は、合格者本人が探さなくてはなりません。ハーバードの就職カウンセラーに相談はできますが、私たちは仕事の斡旋《あっせん》はしません。二年間（場合によっては二年以上）働いて、二年間ハーバードで学ぶプログラムなので、「２＋２プログラム」と呼んでいます。

――日本の大学に在籍する大学三年生も、応募資格はありますか。

もちろんです。ただし、二点だけ、明確にさせておいてください。まず、私たちはすべての応募書類を審査しますが、**２＋２プログラムの合格者は、とても少数**だということです。毎年、百人程度しか合格できませんし、毎年入学するのは九十人程度です。もう一点は、日本国籍の合格者が卒業後、アメリカで二年間働きたいと思ったとしても、**私たちは就労ビザのサポートはしない**ということです。

――だから、日本人合格者第一号の三宅博之さんは、アメリカの大学を卒業後、いったん日本に帰国し、マッキンゼー・アンド・カンパニーの日本支社に就職されたのですね。

どこで働くかは合格者の自由です。実際、就職先は多岐にわたっています。必ずしもマッキンゼーのような（コンサルティング）企業であるわけではありません。ハイテク企業やヘルスケア企業に就職する人もいます。

――三宅さんは、カナダの高校を卒業して、ミネソタ州のマカレスター大学に進学しました。日本の若者が2＋2に合格したいと考えた場合、三宅さんのようにできるだけ早くアメリカやカナダに留学することを勧めますか。

私はそのようなアドバイスは絶対にしません。今一度、強調しておきたいのですが、ハーバードに合格するための公式はなく、私たちは一人ひとり個別に審査します。**若者は、自分の情熱に従って、本当に自分がやりたいことを実現して、自分にとって正しい決断をしていくべき**だと考えます。**ハーバードの受験は、2＋2であれ、通常のプログラムであれ、その延長線上にあるべき**です。

――最新の合格者のプロフィールを見てみましたが、六四％がSTEM（理工系）の出身ですね。なぜ、STEMの学生が多いのでしょうか。

まずは、STEMの意味について、きちんと説明したいと思います。STEMとは、理学（Science）、テクノロジー（Technology）、工学（Engineering）、数学（Mathematics）の略で、この四つにコンピューターサイエンスも含んだ学問の総称です。

この数字（六四％）は、私たちから現役のＳＴＥＭ専攻の学生へのメッセージでもあります。つまり、**「ＳＴＥＭ専攻の学生にとって、ハーバードや他の経営大学院のＭＢＡプログラム全般は必ず利益になるから、ぜひ受験を考慮してほしい」**というメッセージを（理系を多数、合格させることによって）意図的に伝えているのです。

ＳＴＥＭの出身者は、ＭＢＡ取得後、ビジネスの世界に足を踏み入れ、一流企業に就職したり、自分の会社を起業したりしています。ＭＢＡが、彼らの将来に多くの選択肢を与えることを知ってほしいのです。卒業後、事務職ではなく、研究職に就くことだってできるのです。「経営大学院へ行く人は銀行やコンサルティング会社に就職する人だ」という古いステレオタイプな考え方は、もはや間違った認識です。

私たちがＳＴＥＭの現役学生に「経営大学院へ進むことの利益」をなるべく早く伝えれば、卓越した定量的・分析的な基礎知識を持つ彼らがハーバードを受験しようと本気で考えてくれると思います。

リーダーシップ経験の長さと価値は比例しない

――２＋２プログラムの合格者は二十四歳から二十五歳でハーバードに入学してくるわけですから、他の学生よりも若いですよね。年齢の若い受験者のほうが、ハーバードにとっては望ましいということですか。

入学者の年齢については、少し詳しくご説明しましょう。ハーバードの一年生全体の平均年齢は二十七歳です。２＋２プログラムの合格者でも三年、四年働いてから入学してくる人もいます。すると二十七歳ぐらいで入学してくるわけです。通常のプログラムの受験者でも二十四歳、二十五歳、二十六歳という年齢の人たちがいます。ですから、二、三年の就業期間を経て、**二十四、二十五歳で入学してくる人たちのすべてが、２＋２の合格者とは限らない**のです。

――２＋２というプログラム名ですが、必ずしも、就労期間はきっちり二年と決まっているわけではないのですね。三年、四年後に入学してもいいということですね。

２＋２の合格者は、最低二年、入学までに何らかの就労経験を積んでくださいということです。「２＋２」と言うよりも、「X＋２」と言ったほうがいいかもしれませんね。二年働けば入学できる権利がありますが、実際は、多くの合格者が三年、四年と働いてから入学してきます。クラスの中を見渡しても、「この人は２＋２だ」とは、わからないと思いますよ。

――日本人受験者の間では、年齢を重ねた受験者のほうが、リーダーシップ経験も豊富で卒業後の収入も高いことから、有利だと思われてきました。しかし、合格者の年齢や就労年数は、必ずしも合否を決める重要な要素ではないということですね。

そうです。「学生が議論から多くを学ぶためには、フルタイムの就労経験は必須」というのが、私たちの考えですが、就労経験が長ければよいというものでもありません。

組織の中で、上司のもとで働いて、その組織を知れば知るほど、仕事の世界にも慣れてきて、日常生活をうまく送れるようにはなってくるでしょう。しかし、**「職務経験の長さ」と「経験が持つ価値」は、比例しない**と私たちは考えています。**職務経験が長ければ長いほど、よりリーダーとして価値ある経験ができるというような比例関係にはない**のです。

私たちが入学を審査するMBAプログラムは、業界や会社を代表するシニア層が集まるエグゼクティブプログラムではありません（注・ハーバードには別途、エグゼクティブプログラムがある）。MBAプログラムは、長年経験を積み、すでにリーダーとなったシニア経営者を求めているプログラムではないのです。

MBAプログラムは、世界を変革するリーダーを育成する場です。私たちが選んだ人たちは、一人残らず、ケースメソッドの授業に生き生きと貢献してくれる人たちだと信じています。

ハーバードの合格基準

――ここからはハーバードの合格基準についてお伺いしたいと思います。ハーバードでは、①リーダーシップ力（Habit of Leadership）、②分析力と分析欲（Analytical Aptitude and Appetite）、③コミュニティへの貢献力（Engaged Community Citizenship）という三つの合格基準を掲げていますね。

私たち入学審査官のゴールは、学生が最高にワクワクするクラスを全力でつくりあげることです。

まずリーダーシップについて説明すると、私たちは、**大学や職場などでリーダーシップを発揮した実績のある人**を求めています。合唱団を例にとれば、私たちが欲しいのは、合唱団の「メンバー」ではなく合唱団の「団長」です。学生自治会で言えば「自治会役員」、スポーツチームで言えば「キャプテン」です。

分析能力と数量的能力は、不可欠な要素です。ハーバードの授業では毎日、企業事例に出てくるさまざまな状況を分析しますし、貸借対照表から財務データ分析まで、さまざまな形で数字を扱います。

そして、最後に、**他人と協調できる人**であることも重要です。自分以外の人との関わりなくして、ビジネスは成立しないからです。

こうした三つの要素を持っていることを前提に、できる限り多様な経歴と視点を持つ人を集めたいと思っています。繰り返しになりますが、ケースメソッドでは、多様な意見が行き交うことが何よりも重要だからです。

——一つ目の「リーダーシップ力」について、エッセイや面接で入学審査官に伝える際、リーダーシップの形態や大きさについては問わないと公式ウェブサイトで明示していますね。

先ほども申し上げたとおり、**リーダーシップは一つの大きさや形態におさまらない**と私たちは考えています。一言でリーダーと言っても、学生自治会の会長、大きな課外クラブの部長、あるいは大企業の階層的な組織の中でリーダーシップを発揮した人などさまざまな種類のリーダーがいます。こうしたリーダーシップの実績は特別なものであり、私たちも高く評価します。

しかし、私たちが探しているのは、こうした典型的なリーダーだけではありません。ときとして、「ハーバードに合格するのはこういうリーダーだけだ」と誤解されることがありますが、それは間違った認識です。

ハーバードの学生の中には、多くの**起業家**がいます。彼らは、ワクワクしながら新しいベンチャーをはじめ、立ち上げていきます。それもまたリーダーシップなのです。

あるいは、**小さなチームで卓越したリーダーシップを発揮した人**もいるでしょう。たとえば、自分以外のチームメンバーが六人しかいないようなチームで、全員が互いに協力しあいながら、自分の役割以上の仕事をするように導き、チームを活気づけたというような。さらには、議論の流れやグループの決断を変えるような視点を提示する**「思想的なリーダー」**もいるでしょう。

他にも数多くのタイプのリーダーが存在し、枚挙にいとまがありませんが、私たちは「あらゆる」タイプのリーダーを求めていることをお伝えしたいと思います。

――二つ目の「分析力と分析欲」についてですが、なぜ、この能力を必要要素として強調しているのでしょうか。

「分析力と分析欲」とあえて申し上げているのは、**定量的、定性的な分析が、ケースメソッドの核となっている**からです。学生は、企業事例から提示される問題を精査し、分析的な見地から問題に取り組み、分析結果をもとに次の打ち手を考えます。ここでの「分析」とは、定量的かつ定性的な分析の両方を意味します。ケースメソッドでは、すべての授業で分析がかかわってきますから、ただ分析ができるだけでは不十分で、**分析が好きな人＝分析欲にあふれた人**でなくてはならないのです。

――三つ目の「コミュニティへの貢献力」についてはどうでしょうか。

ハーバードの四十エーカーにおよぶキャンパスの中には三十四もの建物があり、八〇%以上の学生がキャンパス内に居住します。つまりここは一つのコミュニティなのです。学生は、他の学生と授業で濃密な時間を過ごすだけでなく、授業以外でも、かなり多くの時間をともに過ごすことになります。キャンパス内で交わされる会話はとても刺激的で、そのインパクトは一生忘れないものです。

ケースメソッドに基づく授業、九十人の学生で構成されるクラス、そしてキャンパス内の居住コミュニティ。これらのすべてがハーバードのエコシステム（生態系）を形作っている要素です。

このコミュニティにふさわしい人を選ぶ際には、「この受験者はギブ・アンド・テイクのテイクだけを求める人ではなくて、**喜んで他人に『与えられる人』かどうか**」を確認しなくてはなりません。**他人から助けてくれないかと頼られる人かどうか、そして他人のために時間を使える人かどうか。**そこを見るのです。

真のグローバルリーダーとは

――フォーブス誌のインタビューで、リーダーは「謙虚さを伴う自信」を持つことが大切だと答えていますね。「謙虚さ」と「自信」というのは、逆のコンセプトにも思えますが、「謙虚さを伴う自信」とは、どういう意味でしょうか。

「謙虚さ」と「自信」というのは素晴らしいマリアージュ（組み合わせ）だと思いますよ。「謙虚さ」と「自信」は、ともにリーダーに必要な特別な要素で、相反するコンセプトだとはまったく思いません。「自分には他人の助けが必要だ」「自分一人の力には限界がある」と認識しているからこそ、**リーダーは自分の限界に他者への感謝の気持ちを持って取り組むことができ、なおかつその謙虚な姿勢が真の自信へとつながる**――それが「謙虚さを伴う自信」の意味するところだと私は思います。

――最後に、グローバルリーダーの定義をお聞かせください。

グローバルリーダーとは、**「国境や境界を限界だと認識しないリーダー」**のことです。

——将来のグローバルリーダー候補として、理想的なハーバード大学経営大学院の学生とは、どんな学生でしょうか。

一つの型では説明できません。この卓越したコミュニティにふさわしい経歴を持つ人たちは、たくさんいます。しかし、ここでもう一度、私たちが学生に求めている共通の性質とスキル＝リーダーシップについて述べたいと思います。

私たちはリーダーシップ能力がある人を求めています。ハーバードのミッションである**「世界を変革するリーダーを育成すること」をともに実現したいと思っている人**を探しているのです。つまり、**世界にインパクトを与えたいと願うリーダー**です。

こうしたリーダーは世界に数えきれないほど存在し、インパクトを与えるには数えきれないぐらいの方法があります。だからこそ、私たちはできる限り多くの意見、経歴、視点を持つ人たちを集めようと努力しているわけです。

自分の考え方とは異なる考え方に触れたとき、自分の経歴とは異なる人に出会ったとき、**自分のコンフォートゾーンを飛び出すような困難に向かったとき、人ははじめて、本当に学ぶことができる**と信じています。

インタビューを終えて

このディー・レオポルド氏のインタビューは、ほぼ全文掲載しているが、彼女が何回も強調している点があることに気づく。

まず一つ目が、合格者を選ぶのに公式もテンプレートもないということ。国籍別、出身大学別、テストの点数別。「こういう属性の人が合格しやすいのでは」という問いかけについては、すべて否定された。

人間は、とかく自分をどこかの組織にタグ付けしておきたい、どこかに帰属させたいと思いがちだ。特に、うまくいかなかったとき、その傾向が顕著になる。たとえば、大学入試や就職試験で不合格となってしまったとき、「自分は日本人だからだ」「自分は女性だからだ」「自分はこの大学の出身だからだ」など、自分そのものを否定されないように、自分が属しているカテゴリーのせいにしてしまう。

しかし、ハーバードは、カテゴリー別ではなく、そのカテゴリーの集合体としての個人を一人ひとり見るという。つまり、リーダー候補としての総合力だ。総合力は書類やテストだけでは絶対に判断できない。そのために、蓄積された経験値を持つ入学審査官が千八百人もの書類選考合格者一人ひとりを面接する。

二つ目のポイントは、合格者を選考するための公式はないが、入学審査官のミッションは一貫しているということだ。それは「できる限り多様性のあるクラスをつくること」。

レオポルド氏は、合格する学生の出身大学数、出身国数をさらに増やしたいという。カテゴリー別には見ないとはいえ、これまでハーバードに合格したことのない国、大学、組織などの出身者は、他の受験者と差別化でき、多様性をもたらすとプラスに評価されることは確かだ。また、同時に「日本人は何人、インド人は何人……」と決めていないとはいうものの、一つの国の出身者ばかりにならないように、全体のバランスをかなり配慮していることも窺えた。

そして、大学の専攻別では、理系の学生をもっと取り込みたいという思いを強く感じた。現在、ハイテク企業の隆盛もあり、若くて優秀な理系の学生を呼び込むのにどこも必死だ。経営大学院間はもとより、理系の大学院や研究機関とも取り合いになっている。こうした学生に大学生のうちに合格を出すのは、ビジネスの世界に早めに取り込み、リーダーとして育てたいという気持ちがあるのだろう。

三つ目のポイントは、ハーバードに合格することを人生の目的にしてはいけないということだ。そのためにエッセイのテクニックを上げることに時間を使ったり、テストスコアを上げることにこだわったり、コミュニティ活動にいそしんだりするのは、間違っているという。「若者は、自分の情熱に従って、本当に自分がやりたいことを実現して、自分にとって正しい決断をしていくべき。ハーバードはその延長線上にあるもの」という言葉が何よりも印象的だった。

ハーバードの合格基準は、①リーダーシップ力、②分析力と分析欲、③コミュニティへの貢献力の三つ。この三つを備えた上で、どれだけクラスに多様性をもたらせるかが勝負となる。そして、合否を決めるのに共通したテンプレートもないとすると、ハーバードは、入学審査官の蓄積された経験と直感で合格者を選んでいるとも言える。

ハーバードの卒業生であるディー・レオポルド氏へのインタビューは、「世界で最高のクラスをつくる」という並々ならぬ情熱と、三十年以上にわたって何万人もの受験者を審査してきた経験に基づく「圧倒的な自信」を感じさせるものであった。

グローバルリーダーとは国境や境界を「限界」だと認識しないリーダーのこと。世界をよりよい方向に導いてくれる人を選ぶのに最後の決め手になるのは、結局のところ受験者のリーダーとして生きる覚悟と情熱なのかもしれない。

謝辞

二〇一四年四月より、公益財団法人大学基準協会の経営系専門職大学院認証評価委員会の委員をつとめさせていただくこととなり、日本が今後どういう人材の育成を目指していくべきなのか、考える機会が多くなりました。世界有数の経営人材を輩出してきたハーバードの合格基準は、日本の大学だけではなく、日本企業がグローバル人材を採用し、育成していく上でも、一つの指針となるのではないかと思います。また、組織の一員として働く皆さんが、本書を読んで「リーダーシップ」という言葉の意味を、自分の評価に関わることとして少しでも実感していただけたなら、うれしい限りです。

コロンビア大学経営大学院の卒業生面接官としては、海外の経営大学院の合格基準について、正しい情報を伝えたいという思いがありました。間違った情報に振り回されることなく、もっと多くの日本の方々にＭＢＡに挑戦していただきたいと心から願っています。

ハーバードの日本人留学生を取材してわかったのは、合格までの道のりは、決して平坦ではなかったということです。彼らの十代と二十代は、地道な努力と挫折にあふれていました。ときに留学先で英語がわからずに引きこもり、ときに社内の派遣選考に何度も落選し、ときにインターン試験や採用試験で失敗しながらも、その度に尋常ではない努力をして立ち上がってきました。

惰性で人生を送っている人は、卓越したリーダーシップを実現できないことを彼らが教えてくれました。

本書の出版は、九名の日本人留学生のご協力なくしては実現しませんでした。杉田道子さん、三宅博之さん、森田揺加さん、湯浅エムレ秀和さん、水田早枝子さん、中澤佳寛さん、向江一将さん、山本理絵さん、芳賀亮太さんには、心より感謝申し上げます。そして、派遣元である大和証券、三井物産、日立製作所、三菱商事の関係者の皆様にも、深く感謝します。

ハーバード・ビジネス・スクール日本リサーチ・センターの佐藤信雄センター長には、インタビューにご協力いただいただけではなく、さまざまなご助言もいただきました。

そして、ハーバード大学経営大学院のMBAアドミッション&フィナンシャルエイド部門マネージング・ディレクター、ディー・レオポルド氏（Dee Leopold）と広報・メディア部門ディレクター、ジム・アイズナー氏（Jim Aisner）には、日本の読者に正しい合格基準を伝えたいとインタビューをご快諾していただきました。

佐藤氏、レオポルド氏、アイズナー氏にはあらためて感謝の意をお伝えしたいと思います。

二〇一四年五月

佐藤智恵

参考文献

"65 Successful Harvard Business School Application Essays, Second Edition: With Analysis by the Staff of The Harbus, the Harvard Business School Newspaper", Lauren Sullivan and The Staff of The Harbus, St. Martin's Griffin; Second Edition, 2009

"Defend Your Research: Experts Are More Persuasive When They're Less Certain", Zakary Tormala, Harvard Business Review, March 2011

"The Preference for Potential", Zakary Tormala, Jayson S. Jia, Michael Norton, Journal of Personality and Social Psychology, 2012, Vol. 103, No. 4, 567-583

"The Surprising Secret to Selling Yourself", Heidi Grand Halvorson, Harvard Business Review Blog, August 29, 2012

"Scoping out future leaders for Harvard"　ボストン・グローブ紙、二〇〇九年九月十三日

"Admissions Q & A: Harvard Business School"　ブルームバーグ・ビジネスウィーク誌、二〇一一年九月七日

"Harvard, Stanford and Humility: The MBA Admissions Trinity"　フォーブス誌、二〇一一年十一月二十一日

"Harvard Business School? You'll Go Through Her First"　ウォール・ストリート・ジャーナル紙、二〇一二年三月一日

"How do you get into Harvard Biz School?"　フォーチュン誌、二〇一二年四月十七日
ハーバード大学経営大学院公式ウェブサイト　http://www.hbs.edu
『採用基準』（伊賀泰代著、ダイヤモンド社、二〇一二年）
『世界最高峰ビジネススクールの人生を変える言葉』（佐藤智恵・早川書房編集部編、早川書房、二〇一三年）
『世界のエリートの「失敗力」』（佐藤智恵著、ＰＨＰビジネス新書、二〇一四年）

佐藤智恵（さとう・ちえ）
1970年兵庫県生まれ。1992年東京大学教養学部卒業後、NHK入局。報道番組や音楽番組のディレクターとして７年間勤務した後、2000年１月米コロンビア大学経営大学院留学、翌2001年５月MBA（経営学修士）取得。同年ボストンコンサルティンググループに入社し、経営コンサルタントとして、通信・メディア分野を専門に、さまざまなプロジェクトに携わる。2003年同社退社後、外資系テレビ局等を経て、2012年よりビジネス書作家・コンサルタントとして独立。主な著書に『ゼロからのMBA』（新潮社）、『外資系の流儀』（新潮新書）、『世界最高MBAの授業』（東洋経済新報社）、『世界のエリートの「失敗力」』（PHPビジネス新書）がある。2004年よりコロンビア大学経営大学院の入学面接官、2014年より公益財団法人大学基準協会の経営系専門職大学院認証評価委員会委員をつとめる。
http://www.satochie.com

ハーバード合格《ごうかく》基準《きじゅん》

2014年５月27日　第１刷発行

著　者　佐藤智恵《さとうちえ》

発行者　鈴木 哲

発行所　株式会社 講談社

東京都文京区音羽2-12-21　〒112-8001
電話　出版部（03）5395-3522
　　　販売部（03）5395-3622
　　　業務部（03）5395-3615

印刷所　慶昌堂印刷株式会社

製本所　株式会社国宝社

ISBN978-4-06-218881-4　N.D.C.336　255p　19㎝